目次

『現代社会の存立構造』を読む……大澤真幸

本書前半に収録した真木悠介『現代社会の存立構造』は、原著（筑摩書房、一九七七年）を底本にした。明らかな誤植は修正したが、表記などについては原則的に原著を踏襲している。

（編集部）

まえがき

本書は、真木悠介——つまり私の社会学の師——の『現代社会の存立構造』（以下『存立構造』）の復刻版である。『存立構造』は、一九七七年に筑摩書房から刊行された。現在は絶版になっており、岩波書店から出されている『定本 真木悠介著作集』（二〇一二—一三年）にも、収録されなかった。本書には、『存立構造』をそのまますべて再録すると同時に、後ろに、私、大澤による長めの解題と、本書をめぐる論文とを収録した。

『存立構造』は、近代社会を成り立たせている論理を、その最も本質的な骨格において提示した書物である。この本が刊行された一九七七年は、私が大学に入学した年である。この本は、当時日本で、社会をその原理的な水準から理解しようとしていたすべての人、とりわけ若い読者に強い衝撃を与えた。社会の中の特定の現象や部分領域を主題にするのではなく、近代社会の、総体としての構造と仕組みを、根本から理論化しているという点では、『存立構造』ほど包括的な書物はない。と同時に、最も重要で本質的なメカニズムに焦点を絞り、枝葉末節を完全に断っているという点では、これほどコンパクトな本もない。

『存立構造』が提示している論理の意義や妥当性は、刊行後四十年近く経った今日でも、いささかも失われていない。つまり、ここに書かれていることは、現代のわれわれの社会の仕組みを理解する上でも、十分に有効である。『存立構造』をあえて復刻する理由は、もちろん、ここにある。

*

真木悠介の『存立構造』は、実は、ある一つの重要な著作をベースにして、それを発展的に継承するかたちで書かれている。「ある一つの重要な著作」とは、カール・マルクスの『資本論』である。『存立構造』は、『資本論』の創造的な解釈という側面をもっている。一九七〇年代末期から八〇年代にかけて、『存立構造』を通じて、『資本論』の世界に導かれていった学生や若手研究者はたくさんいたはずだ。

一方では、『存立構造』は、『資本論』を、一般にはこの書と結びつけられているある夾雑物から厳密に切り離し、その意味で、『資本論』の守備範囲を明確に限定している。しかし、他方では、『存立構造』は、『資本論』の潜在的な広がりを、可能なかぎり目一杯拡張してみせてもいる。

まず、『存立構造』は、『資本論』を共産主義から切り離している。『資本論』を読んだことがない人の中には、『資本論』は共産主義のための理論であると思い込んでいる者が少なからずいる。それゆえ、共産主義体制がほとんど崩壊した現在では、『資本論』は通用しない、というわけだ。しかし、『資本論』と共産主義とは直接には関係していない。共産主義の成否とはまったく独立に、『資本論』は、包括的な近代社会論として読むことができる。『存立構造』は、その立場から書かれている。

これと同時に、『存立構造』は、『資本論』の世界を徹底的に一般化し、拡張してもいる。『資本論』を、経済学のテクスト、経済現象の分析だと理解している人は多い。しかし、『資本論』に書かれていることは、「経済学」以上のことである。『資本論』は、経済現象の分析を通じて、潜在的には、権力現象（政治）や意識現象（文化）についても論じているのだ。その潜在的な部分を掘り起こし、明晰化しているのが『存立構造』である。『存立構造』を読み込むと、『資本論』という大建築物の内部がどのような構造をもつのか、その地図のようなものを得ることにもなるはずだ。

＊

本書の読み方について、一言、述べておく。

本書の後半に、私は、長めの「解題」を付けておいた。『存立構造』を直接読んで、十分に理解できる人には、この解題は不要かもしれない。しかし、本書の前半に再録した『存立構造』が難解で、よくわからないと感じる人は、最初に解題を読んでから、『存立構造』の本体に取り組めば、きっと理解できるだろう。

目次を見るとすぐにわかるように、『存立構造』は、大きく二部で構成されている。その二部は、互いに密接に関連し合っている。解題は、この二部を統合し、全体の構図を見えやすくしてある。自力で、『存立構造』の本文を読み解くことができる人も、通読のあとに、解題を読むと、あらためて理解を確認したり、論点を整理したりすることができるに違いない。

本書の最後に、言わば「発展篇」として、私の論文を付けてある。『存立構造』を通り一遍に読むだけではなく、そこに孕まれている潜在的な可能性を引き出し、自由に創造的に解釈したらどうなるのか。『存立構造』のいわば無意識の部分まで遡行したとき、何を見出すことができるのか。そうしたことを具体的に例示するために、この「発展篇」はある。

それでは、『現代社会の存立構造』に、ようこそ。

大澤真幸

現代社会の存立構造

真木悠介

I

現代社会の存立構造

——物象化・物神化・自己疎外——

序　存立構造論の問題

——社会科学へのプロレゴーメナ——

〈社会〉というものの存立諸形態——共同体と市民社会

人間がその人間としての生成以来、本源的に社会的な存在であったということ、その「物質的な生活の再生産」においてのみならず、「精神的」な生活の諸領域においてもまた、言語現象を媒介として根柢的に社会的な規定性をもつものであるということについては、あらためて復論するまでもないと思われる。

しかし人間が社会的な存在であるというそのあり方を、一歩たちいって具体的に掌握しようとすると、必ずしも一様でないのみならず、じつは「社会」の「社会」としての存立の機制そのものが、歴史的に根柢的な変化をこうむってきたことがわかる。さまざまな社会形態の歴史的な出現とその没落という当然のことを、ここで言おうとするのではない。それらさまざまな社会形態の形態的な変化のさらに根柢に、「社会」としての存立の構造そのもの、すなわち諸個人のあつまりが、「社会」という固有の存在水準を形成するその機制自体が、すでに身におびる歴史性の問題である。

すなわちこの存立機制は、つぎのような形態をとることがありうる。

Ⅰ　諸個人が直接的・即自的に社会的な存在である場合。（即自的な共同態《ゲマインシャフト》。――社会の「共同体」的な形態における存在）

諸個人の生は、直接的・即自的な共同態《ゲマインシャフト》の内部に未だ埋没しており、この共同態に対して屹立するような個の自立性・対自性の契機は確立しておらず、したがって即自的・反省以前的に共同的な諸個人の意思のうちに、社会の存在が透明に、直接的に現象する場合。

Ⅱ　諸個人が媒介的・即自的に社会的存在である場合。（集合態《ゲゼルシャフト》。――社会の「市民社会」的な形態における存立）

諸個人の生が、この原生的な共同性のきずなから解放され、反省的な意識の主体として確立するが、みずからの生の物質的・精神的な内実を決定している社会的連関の総体性を、結合的な実践において対自的に統御することはできず、したがって諸個人は「私」的にのみ主体的であり、それら多数の、相互に外的な私的実践の相互干渉（集列性）の全体系が、結果的に諸個人の意思から独立した諸法則を貫徹せしめる、このメカニズムを媒介として、このような諸「法則」の構造として、対象的《オブジェクティヴ》＝客観的に「社会」が存立する場合。

Ⅲ　諸個人が対自的に社会的な存在である場合。（対自的な共同態《ゲマインシャフト》。――社会の「コミューン」的な形態における存立）

諸個人が個として自覚的・主体的であるのみならず、その生の物質的・精神的な内実を決定する彼ら相互の社会的な連関の総体性をも、自覚的に統御する共同的な実践の主体としてある場合。すなわち、人びとがその社会的存在そのものにおいて主体的であり、その主体的意思そのものにおいて社会的であることによって、「社会」がもはや、諸個人にとって疎遠な対象的実在であることをやめ、ふたたび諸個人の主体的意識のうちに透明に存立するような場合。

もちろんこれらは、「社会」の存立構造の可能な諸形態を論理的に純粋化したモデルであって、現実の歴史的に存在する個々の社会にあっては、(I)〈即自的共同態《ゲマインシャフト》〉の内部に〈集合態《ゲゼルシャフト》〉(「市民社会」)の諸原理が補完的に組みこまれ、または解体的に発酵しつつあったり、(II)〈集合態〉(「市民社会」)の内部に〈即自的共同態〉の遺制が従属的に組みこまれていたり、〈対自的共同態〉の関係が胚胎していたり、(III)〈対自的共同態〉の企てが〈集合態〉の原理によって風化され解体されたり、〈即自的共同態〉への退行がみられたりするだろう。

しかしそれらはあくまでも、(a)ある一つの存立原理が支配的・統括的・包括的な境位に立って、他の諸原理を補完的・従属的に組みこんでいるか、あるいは(b)二つ以上の存立原理が、過渡的に拮抗し合っている場合にすぎない。

市民社会における〈社会〉存在の「自明性」と二律背反

われわれの生きるこの現代社会が、他の諸原理を組みこん《ビルドイン》だり胚胎したりしつつも、支配的・磁場的な原理としては、集合態《ゲゼルシャフト》原理によって基底的に規定されていることはいうまでもない。

すなわちここでは「社会」というものが、それぞれが私的な主体性・目的性をもって実存し行動する人間たちの、相互に外的な諸実践の総体連関が、結果として成立せしめる対象的《オブジェクティヴ》＝客観的な諸「法則」の構造として、媒介的・即自的に存立している。そこでは社会は、即自的共同態のもつ、あの直接的な透明性をもたないと同時に、対自的共同態のもつ、媒介された透明性をももつことがない。

〔『弁証法的理性批判』におけるサルトルの三部構成を念頭において表現すれば、未分化な一有機体としての即自的共同態の、「構成する弁証法」としての規格をそれはもたないし、自立しつつ連帯する諸個人の構成する対自的共同態の、「構成された弁証法」としての規格をももちえない。それは「集列性」としての諸個人の関係を基礎として展開する、「逆転された弁証法」としての「実践的＝惰性態」の、巨大な集積として存立する。（ただしサルトル自身の論理では、第一に「構成する弁証法」は原理的に個人的実践としてしかありえず、第二にこれと関連して、以上の構成は共時的な遡行として展開する。）〕

ただしこのようにわれわれの社会において、「社会」の存在が「透明でない」ということは、必ずしもそこに生きている諸個人の日常の意識にとって、「社会」の法則やその構造が直接的に

「謎的」な性格をもつということを意味しない。むしろその反対である。市民社会に生きている諸個人の日常の意識にとって、かれらの主観的な意思からは独立した客観的な「社会」の存在は、切株や河の流れの存在と同じくらいに、まったき自明のことがらであり、その法則や構造は、重力の法則とか自動車の構造と同じくらいに、明瞭に認識しうるものである。彼らはしばしば「社会のうごき」を、「手にとるように」正確に分析し、計算し、外挿的・内挿的に予測する。そしてこのような「予測」にもとづいて行動を選択することによって、首尾よく利益を手中にしたり、損失を回避することもできる。もちろん選択の可能性にはつねに限界があるから、社会の法則的変化のうちに、どうあがいても結局はうかび上がれない「運命」の支配を経験することもある。しかしこのような場合さえ、この日常の意識にとっては、偶然的で非条理なものはそれぞれの私的な不運の方であって、（家のまずしさ、本人の勉強ぎらい、人種的ハンディ等々）その不幸を決定した社会的法則そのものの存在の方は、台風の存在と同様に自明な自然的事実としてうけとめられる。そこには一見、何の不思議なこともない自明性の世界が、自己完結的にくりひろげられる。この自明性の世界からこぼれおちるのは、台風の進路にたまたま立っていたこの「私」の〈実存の非条理〉のみというわけである。

ところでこのような、市民社会の日常意識にとっての「社会」事象の存在の「不思議でなさ」、つまり自明性とは、それがまさしく、切株や河の流れや台風等々と同様に対象的＝客観的な、つまり物的な事象として存在するということの「自明性」に他ならなかった。

しかし同時に社会現象が、自分たち人間じしんの行為の連関以外の何ものでもないということをもまた、市民社会の常識はもちろん知っている。「社会」とはわれわれ自身に他ならぬというこの第二の「自明の事実」は、けれども先の、「社会」が対象的＝客観的な、すなわち物的な事象として存在するという第一の「自明の事実」と、二律背反におちいる。

　このことから周知のように、近代の社会思想史や社会学史を貫通する交互定立――社会名目論《ノミナリズム》と社会実在論《レアリズム》、原子論と有機体論、心理学主義と社会学主義、「ヴェーバーとデュルケーム」、〈実存〉主義と〈構造〉主義、主体性主義と客観性主義、等々の交互定立が生まれる。このように「社会」は一見、自明で平凡なものにみえるが、これを分析してみると、存在論的な背理と認識論的な二律背反とにみちた、奇怪な様相を呈して現われる。

　商品の物神性を主題化した節でマルクスが、まず商品の謎からではなく、ぎゃくにその外見的な自明性から説きおこしていることは根拠のあることだ。理論の力というものがもしもあるとすれば、その力はまず何よりも、日常の意識における自明性の世界を解体し、そこにかくされた問題を発見すること、そのことによってわれわれを、その感性と悟性さながらに包みこんでいる現存の世界というものを、批判的に対自化し、実践的に止揚するための突破口をきりひらくことにあるだろう。

近代社会諸科学の地平――問題構制自体の転回

われわれの時代の社会諸科学は、何を問い、何を答えてきたであろうか。

はじめに「近代」社会諸科学のいわば主流を構成してきた、分析理性的な諸科学、すなわち、実証主義的、数量主義的、行動主義的《ビヘイヴィオラル》、操作主義的な社会諸科学についてみよう。分析理性こそはまさしく、近代社会における諸個人の存在形態に直接的に適合する理性の形式であるから、分析理性的な諸科学は「近代社会の自己意識」として、必然的に市民社会の支配的《ドミナント》な社会諸科学である。

これらの近代社会諸科学の主題の骨格をなしているのは、対象的《オブジェクティヴ》＝客観的に存立する社会諸形象（商品・貨幣・資本・利子率・国家・官僚制・法・道徳、等々）と、その運動として成立する対象的《オブジェクティヴ》＝客観的な諸法則である。そしてこれらの法則をその「運命」または「利益」として身にこうむる主体の生の現実性は、「文学」あるいは〈実存〉の哲学等々の主題としてその体系から疎外される。このことは根拠のないことではない。なぜならば近代社会は、まさしく対象的《オブジェクティヴ》＝客観的な物象として存立し貫徹する社会的諸形象および社会的諸法則を、現実にその構造の骨格となすからであり、個々の主体はこれをただ身にこうむりつつ、せいぜいこれを「利用」し「操作」することを試みる偶然性として、そして同時に「内面的には」自己絶対化された「私」の個別性として、したがって挫折する「実存」の悲劇性として、現実に存立するからである。

しかしこのような、客観的および主観的な事実性の平面に内在する「科学」や「文学」は、この直接的現実性を精密に描写し再現することはできても、このような客観的「法則」および主体的「実存」そのものの存立の根拠を対自化しえないがゆえに、この現実の総体を根柢的に止揚する実践の論理たりえない。

これらの「科学」や「文学」の実践価がただ、情況の地平のうちに内在する「公的」なあるいは「私的」な、「実用的《プラグマティク》」なあるいは「倫理的《モラリスティック》」な諸実践にとっての媒介にとどまるか、あるいはいっそう端的に「教養」（自己疎外的精神！）としてとどまるということは、すでにその立脚する問題のたて方《プロブレマティーク》によってあらかじめ宿命づけられている。

マルクスは古典派経済学との格闘のうちに書かれたその初期の草稿のなかで、その方法を次のように批判している。「国民経済学は私有財産という事実から出発する。けれどもそれは、この事実そのものについては何一つわれわれに解明しない。国民経済学は、私有財産が現実のなかでたどる物質的な過程を、一般的・抽象的な諸公式でとらえる。その場合これらの公式は、国民経済学にとって法則として通用する。しかし国民経済学は、これらの法則を概念的に把握しない。すなわちそれは、これらの法則がどのようにして私有財産の本質から生まれてくるかを示さない。」（*MEGA.*, Bd. III, S. 81. 訳文は若干の変更を除き城塚登氏による。岩波文庫版『経済学・哲学草稿』八四―

八五ページ）

ここでは既成体（positivität）としての事実に内在し、物象化された事実を立脚点とする分析理性の方法にたいし、これらの「物質的な」諸形象・諸法則をその生成の論理において解明し把握《ベグライフェン》する、弁証法的理性の方法が端的に対置されている。

あるいは翌年フォイエルバッハの哲学との格闘のうちに書かれたその周知の「テーゼ」の中では、その方法を次のように批判している。「これまでのあらゆる唯物論の主要欠陥は、対象、現実、感性がただ客体の、または観照の形式のもとでのみとらえられて、感性的人間的な活動・実践として、主体的にとらえられないことである。それゆえ能動的な側面は、唯物論に対立して抽象的に観念論によって展開されることになった。」（*MEW.*, Bd. 3, S. 5.）

ここでは、人間的な活動・実践の対象化を、対象物として物象化して観照する分析理性の方法が必然的に、その補完物として、人間それ自体にかんする観念論的な神秘化を要請すること、いわば分析理性における、「社会の科学」と「人間の哲学」との分裂と相互疎外の根拠が把握されている。

四四年『草稿』と四五年『テーゼ』のあいだには、のちに確認するように、基本的な視座の転回が介在するが、目下の主題たる分析理性との対質においてみるかぎり、ある一貫した問題感覚の特質をそこにみることができる。それはすなわち、対象的《オブジェクティヴ》＝客観的に存立する社会的な諸形象・諸法則を、それら相互の函数的《ファンクショナル》=機能的な関連を表示する公式やそのシステムとして外的に認識することに満足するのではなく、われわれ自身の主体的実践とその相互関係が、なぜ、いかにして、これらの諸形象・諸法則を存立せしめるにいたるのか、これらの対象的《オブジェクティヴ》=客観的な諸事実を、いったんその生成の論理において、流動化して把握しなおそうとする意思である。（この点を最初に明確に主題化して展開したのが、いうまでもなく、ルカーチの記念碑的な労作『物象化とプロレタリアートの意識』（一九二三）であった。）

そしてこの方法論こそ、たとえば商品や貨幣や資本を、まずそれぞれの生産関係として把握する、後年の全経済理論を貫通する前提をなすものであった。

Sache（事物）から出発し「Sacheに仕える」分析理性の社会諸科学とは逆に、弁証法的な理性は、Ver-sach-lichung（事物・のように・なること=「物象化」）の過程をまず問題として主題化すること、すなわちSacheたる社会諸形象・諸法則の存立の根拠そのものをまず問うことをみずからに課する。

「法則を概念的に把握すること。」「事実そのものを解明erklärenすること。」これらの表現において青年マルクスが要求したのは、まさにこのことに他ならない。

なぜならばこのような溶解においてはじめて、ばらばらな実体として凝固している諸々の社会的形象が、総体的な連関の各契機として統合的に把握されうるからであり、したがってまたその固定性、非歴史性の外観がうちやぶられて、その過程性、歴史性の実相をあらわにするからである。

物象化された対象性としての「法則」の客観的な認識としての「社会の科学」と、疎外された主体性としての「実存」の主観的な表出としての「人間の哲学」を相互に疎外し、それぞれの内部をさらに、部分的な函数関係や部分的な意味連関へと分解する分析理性の問題《プロブレマティーク》のたて方とは逆に、弁証法的な理性は、このような双対性の地平そのものの存立の構造の問いへ、具体的には、対象的な社会諸形象の「法則的」な存立の機制、したがってまた、主体的な精神諸現象の「実存的」な存立の機制そのものを対自化する問いへ、問題機制《プロブレマティーク》そのものをまず転回する。

存立構造論の課題――再流動化と再形象化

前項ですでにあきらかなように、社会構造の「法則的」な認識に先立つ問いとしての、社会の存立構造論の課題は、現代社会の客観的な構造を構成するさまざまな社会的物象形態を、その存在の真理としての諸関係、諸過程にまで流動化することをとおして、これらを歴史的総体の諸契機として把握しなおすことにある。

このことを先駆的に明確に主題化したのが、前述のようにルカーチであったけれども、しかしルカーチはこのてんを顕揚する必要のあまり、社会諸形象の流動化Flüssigwerden、過程化

Prozesswerden の側面のみをそのものとして強調している。

たしかにこのことは、社会構造の根柢的な把握のための第一の要件であるが、しかし同時に、より困難な問題は、このように生動する人間たちの実践やその諸関係が、なぜ、いかにして、どのような具体的過程をとおして、「社会的諸対象」へと凝固し形象化していくのかという問題である。

後期のマルクスの苦闘はまさに、このような逆の側面、すなわち人間実践相互の自然生的な関係や過程の諸相が、なぜ、いかにして、どのような具体的過程をとおして、つぎつぎとその物的な性格のポテンツを高次化してゆく「社会的諸対象」へと凝固し転形し骨化してゆくか、この物象化の機制の具体的な解明にこそあった。

したがってたとえばルカーチが、「『資本論』の方法上の根本思想」を、「経済的諸対象をば物象から、過程的に自己変革する具体的な人間関係へと再転化すること」というふうに規定するとき、それは鋭い把握ではあるが、『資本論』段階のマルクスの固有の方法そのものを鮮明にしているとはいえない。このことはルカーチが初期のマルクスとともに、物象化のさまざまな論理水準を的確に把握することをせず、その重層的な次元累進をしばしば混同しているという事実とも関連している。

したがってわれわれはいまや、本項のはじめにかかげた存立構造論の課題を、つぎのような二、重の課題をそのうちに内包するものとして展開しなければならない。

一、物象化して存立する社会的な諸対象を、人間たちの実践およびその諸関係にまで徹底的に流動化して把握すること。（再流動化）

二、この人間的実践および諸関係のそれぞれのあり方が、なぜ、いかにして、またどのような過程をとおして、つぎつぎとその物的な性格のポテンツを高次化してゆく社会的諸対象として物象化するか、この物象化の次元累進の具体的な機制を追求し再構成すること。（再形態化）

一　社会諸形象の〈客観的〉存立の機制
――物象化の原基的論理――

疎外と物象化――主体性・客体性・関係性

さきにみたようにに『経哲草稿』におけるマルクスは、私有財産という対象的な事実を大前提としてそこから出発する国民経済学を批判して、この私有財産そのものの存立の根拠への問いをみずからに課する。マルクスがこの問いへの解答として見出したのは、労働の疎外＝疎外された労働という主体的事実であった。

「こうして労働者は、疎外された、外化された労働を通じて、労働にとって疎遠な、労働の外部に立つ人間の、この労働にたいする関係を生み出す。労働にたいする労働者の関係は、労働にたいする資本家の、あるいはその他ひとが労働の主人をなんと名づけようと、〔その主人〕の関係を生み出すのである。したがって私有財産は、外化された労働の、……産物であり、成果であり、必然的帰結なのである。それゆえ私有財産は、外化された労働、すなわち外化された人間、疎外された労働、疎外された生活、疎外された人間という概念から、分析を通じて明らかにされる。」（*MEGA*, Bd. III, S. 91. 城塚・田中訳一〇一―一〇二ページ）

「のちになってこの関係は相互作用へと変化する」にしても、起動的な要因はあくまでも労働の疎外におかれる。

「疎外された労働」と題されている有名な節の論理を総括するこのパラグラフは、しかしいくつかの論理構成上の難点をそのうちに含む。

たとえばここでは、私有財産という対象的な事実が、疎外された労働という主体的な事態から解明された。しかしそれでは、この疎外された労働そのものは何に由来するのか？　つまり人間の創造的な実践（労働）が、なぜ疎外されてあるのか？　このことと関連してまた、労働における疎外が、資本家等々との関係を生み出すというのは、論理の転倒ではないか？　むしろ他者との特定の歴史的な関係の中ではじめて、労働が現実的に疎外されてあるのではないか？　もちろん事態がいったん形成されたあとでは、このような関係性そのものの再生産のメカニズムに編入されるから、たとえば賃労働が資本家的商品とともに、資本家的生産関係をもたえず再生産するように、両者は「交互作用に入る」が、規定的な事態はむしろ、主体自身のあり方ではなく、関係の歴史的な形態ではないか？

この一連の問題はすでに、廣松渉氏によって明確に指摘されているので（『マルクス主義の地平』等）、ここでは結論を急ぐことにしよう。

翌年以後のエンゲルスとの共同作業による『ドイツ・イデオロギー』においては、廣松氏も指摘するように、根本的な視座の転回がみられる。

すなわちそこでは、「社会的活動の固定化、われわれの手におえずわれわれの期待を裏切りわれわれの企てを挫折せしめるわれわれ以上のなにか物的な力への、われわれ自身の産物のこの凝固化」が、「自然生的な分業の体系」の帰結として把握されている。（*MEW.*, Bd. 3, S. 33.）

つまりここでは、S（主体）→O（対象）という『経哲草稿』段階の〈疎外論〉図式に代わって、

R（関係性の特定形態）
↙ ↘
S（疎外された主体性）　O（物象化された対象性）

という、物象化論の基本的な構図が把握されている。

ここで関係性の「特定形態」の内容規定は、いうまでもなく、「自然生的な分業の体系」、すなわち諸個人の、即自的かつ媒介的な協働連関、という歴史的な形態である。

廣松氏の的確な記述を引用しておこう。「『経哲草稿』では活動主体とその客体——労働とその生産物、等——の直接的な関係に即して『外化』活動の『事物化』が考えられていたのに対して、『ドイツ・イデオロギー』では、もはや、〔ヘーゲル＝フォイエルバッハ的な〕いわゆる〝主体—客体の弁証法〟が直接的なかたちでは採られていない。すなわち、ここでは、個々の主体と客体

との直接的な関係からではなく、諸個人の社会的協働関係の自然生的なあり方から『社会的活動の自己膠着Sich-fest-setzen』が説かれており、要言すれば、人間から独立な事象的な力ないし形態《ゲビルデ》として現象するところのものは、実は、諸個人の自然生的な協働力ないしは協働関係なのだということが対自化されている。」（前掲書二四七ページ）

すなわち主体の〈自己疎外〉がまず先在するのではなく、自然生的な分業の展開という、諸個人間の現実的な関係性の様態がまず歴史的に成立し、このような関係性の様態の必然的な、かつ双対的な帰結として、主体の対象化および対象の主体化、すなわち「疎外」と「物象化」とが存立するという、歴史的＝現実的な把握が獲得されている。

「類的本質」から実践的連関の総体性へ

たとえば『経哲草稿』における、周知の四重の疎外論において、労働者の①生産物からの疎外、②生命活動からの疎外、③類的本質からの疎外がこの順序で説かれてのちに、最後にこの三重の疎外から生ずる「帰結の一つ」として、「人間からの人間の疎外」が説かれる。「人間が自己自身と対立する場合、他の人間が彼と対立しているのである。」云々。（*MEGA*, Bd. III, S. 89. 訳九八ページ）

これは直接的な現象、または命題の内包する意味を、いわば遡行的に展開したものと解釈すれば、必ずしもあやまりではないが、現実の事態の論理はもちろん逆である。すなわち人間が他の人間と対立し合っているからこそ、彼は自己自身から疎外されるのであり、「人間の人間からの疎外」は、他の一切の疎外の「帰結」ではなくて前提である。『草稿』段階のマルクスがこの不自然な論理構成を固執したのは、大文字の主体―客体関係を前提とするヘーゲル疎外論の構成を、そのままの構成において転倒したフォイエルバッハ疎外論の呪縛のうちにあったからであり、したがって『ドイツ・イデオロギー』の地平への転回を明確に刻印するのは、かつて『草稿』段階の自己を魅了したその当のフォイエルバッハとの格闘のうちにかかれた、前出の『テーゼ』であった。

「フォイエルバッハは、宗教の本質《ヴェーゼン》を人間の本質へ解消する。しかし人間の本質《ヴェーゼン》は個人に内在する抽象物ではおよそない。その現実性においてはそれは、社会的諸関係の複合的総体《アンサンブル》である。」(*MEW.*, Bd. 3, S. 6.)

　人間＝社会把握のあらたな地平の確立を刻印したこのパラグラフにはじまるその第六テーゼは、『草稿』段階におけるほかならぬマルクス自身の主導概念であり、「疎外」の大文字の主体＝実体とされていた「類的本質」(Gattungswesen) なる観念への、つぎのような自己批判をもって結ばれる。

「〔このような図式においては〕本質(Wesen)はそれゆえにただ、『類』(Gattung)としてのみ、すなわち内なる、無言の、多数個人を自然的に結合する普遍性としてのみとらえうるにすぎない。」

つまり、S→O図式においては、個々人としての「人間」の内部になにか抽象的な「類的本質」のようなものが分有されていて、それがなにかの機制において自己自身から「外化」され疎外されて、宗教的等々の対象性をうみだすという、神秘化された発想をとらざるをえない。これではさきにみたように、この「疎外」がなぜ、いかにして、どのような過程をとおしておこるのかを具体的に解明することもできず、したがって非歴史的な仕方でとらえられざるをえない。

人間を現実に類的な存在たらしめるのは、このように静態的な、存在《エクシス》としての同類性でなく、実践《プラクシス》における諸個人の現実の諸関係である。

「類的本質《ヴェーゼン》」をこのように、諸個人の実践的な諸関係の総体性としてとらえかえしてはじめて、その関係の特定の現実的なあり方《ヴェーゼン》が疎外＝物象化をもたらすという把握への道がひらかれ、したがって実践的には、その止揚への具体的な展望がきりひらかれうると同時に、他方また理論的には、その具体的・科学的な解明への道がひらかれる。いいかえれば社会科学の方法として具体化されうる。すなわち経済諸形態の物象化（たとえば「資本」の存立構造）、政治諸形態の物象化（たとえば「国家」の存立構造）、宗教諸形態の物象化（たとえば「神」の存立構造）等々の解明における、具体的な展開を主導する概念となりうる。

個人と社会——原子論と全体論の止揚

「社会的諸関係の総体」そのものを人間＝社会の主体＝実体として把握するこのような立場は、しかし一方で、何か諸個人の「主体性」が見失われてしまうかのような、危惧を与えるかもしれない。しかしこのような了解はじつは、あらかじめ「社会」というものを、なにか諸個人から外在する自存的な物象として、無意識に観念していることに起因する。

マルクスはけっして、個人は「社会」によって決定されてしまう、などという主張はしていない。それどころか、まさにこのような「唯物論」を批判して「環境と教育の変化にかんする唯物論的教説は、環境が人間によって変えられ、そして教育者自身が教育されねばならぬことを忘れている。」云々と同一の文書においてのべている。

もちろん問題は、マルクスがこうものべているというようなことではなくて、両者の論理的な連関である。

たとえばサルトルは必然性の経験について、それは私が自由ではないからでなく、他人もまた自由であるからである、あるいは歴史における必然の経験について、それは私が歴史を作らないからではなく、他人もまた歴史をつくるからである、と語っている。

私だけが主体性をもつのではなく、他人もまた主体性をもつこと、このことは実存主義者でさえ、およそ現実への感覚をもった実存主義者ならば、みとめざるをえない当然の事実である。だからこそ歴史は、個人が作るのでもないし、またぎゃくに個人とは無関係に外在する実体としての「社会」の自動運動でもない。たくさんの「私」たちの相互作用の総体としてそれはおりなされていく。社会とは、その実相は、私、あなた、彼、そういった無数の人びととの実践的な相互関係の総体である。

個の実体化の同位対立物としての「社会」の実体化をはっきりと批判しながら、マルクスは次のように書く。

「ところでこの見方〔自然生的な協働連関の意識的な統御と支配へと歴史が向うこと〕は、またしても観念論的に、『類の自己産出』（『主体としての社会』）といったかたちで理解され、つながり合う諸個人の古今に連綿たる系列が、自己産出の奇跡を遂行する唯一の個体として表象されることが可能である。」（『ドイツ・イデオロギー』*MEW.*, Bd. 3, S. 37.）

歴史の主体＝実体は「個人」でも「社会」でもなく、「つながりあう諸個人」の「相互につくり合う」関係そのものである。ここには原子論《アトミズム》と全体論《ホーリズム》、方法的「個人」主義と方法的「社会」主義との同位対立の地平を端的に止揚する、あるがままの事態の実相に定位する人間＝社会了解の境位が示されている。

凝固した「主体―客体」図式からどうしても解放されえない近代理性は、「人間的本質とは社会的諸関係の総体である」という命題に、人間的な主体性をあたかも「否定する」客観主義のみを見出し、他方この同じテーゼの、「対象・現実を人間的な活動・実践として主体的にとらえる」という命題に、社会的な客観性をあたかも「否定する」主観主義のみを見出す。しかし両者が同じことをいっているのだということにこそ、マルクスの人間＝社会把握の核心は存在している。

さきにも引用したように、「社会の科学」と「人間の哲学」との相互疎外というかたちでの、人間＝社会の理論の分裂の根拠の批判的な把握が、まさにこの境位を獲得した時点において、はじめて明確に定礎されえたということもまた当然であろう。

媒介の対象的な主体化――物神化の機制

近代市民社会にその歴史的な典型をみる「集合態《ゲゼルシャフト》」的な構成の社会においては、「諸個人の協働によって幾層倍にもなった生産力、社会的力」が、「この協働そのものが自由意志ではなく自然発生的であるがゆえに、彼ら自身の統一された力としては現われないで、各個人にとってなにか疎遠な、外在する強制力としてあらわれる。」（『ドイツ・イデオロギー』*MEW*, Bd. 3, S. 34.）という論理を、われわれはすでにみてきた。

しかしこのように、対象化された連関の総体性は、具体的には、どのような姿態をとって現われるのであろうか。

人間たちの共同性が、直接的な主観の共同性として存立する共同態とは異って、集合態においてはぎゃくに、諸個人の主観の個別性が、事物とか人物とか言語的観念によって相互に媒介されつつ、媒介された共同性を対象的＝客観的に存立せしめる。

したがって諸個人の実践的相互連関のうみだす力、「社会的諸関係の総体」の固有の力は、これをおのおのの個人のがわからみると、媒介たる事物や人物や言語的観念自体に内在する力のようにみえる。

たとえば貨幣は、諸商品相互の関係を媒介する一般的な等価形態であることによって、ぎゃくにこれらのすべての商品の価値尺度として、つまり意味づける主体としてたちあらわれる。すなわち貨幣は、それぞれが私的な利益のために孤立して実践する商品生産者相互のあいだを、媒介する一般的な紐帯であり「取りもち役」であることによって、逆にこの商品社会の王となり「目に見える神」とまでなる。

周知のようにマルクスは、シェイクスピアの『アテネのタイモン』の中の一節を、最初期の『経哲草稿』の中に長文を引用し、中期の『要綱』で言及し、さらに晩年の『資本論』の中にまた引用している。それは貨幣を、一方では「一般的な娼婦、人間と諸国民との一般的な取りもち役」としつつ、同時にそれを「目に見える神」、人間たちの主として把握した諸節である。

賤しいものが最も賤しいものであるがゆえに、逆に最も高貴なものに転位するというシェイクスピア――青年マルクスの直観は、マルクスの全生涯をつらぬいた、ほとんど妄執ともいうべき一貫したモチーフとなる。この主題はやがて『資本論』段階において、一般的等価形態の成立における、主体と客体、〈意味するもの〉と〈意味されるもの〉との劇的な逆転の論理を冷徹に剔抉した「価値形態論」として結実する。

媒介がその普遍的な対象性のゆえに、普遍的な主体性に転位するというこのメカニズムは、のちにそれぞれの個所で検討するように（本構想の第I、II、III部）、あるいは「資本」の、あるいは「国家」の、あるいは「神」の存立の機制そのものに他ならず、経済諸形態、権力諸形態、意識諸形態におけるさまざまな水準の物神性の秘密に他ならない。

伝統的な共同態における共同幻想の対象（神々、精霊等々）は、憑依体《ひょうい》としての媒介物すなわち依代（よりしろ）を必要とする。（人間がよりしろになるばあいは尸童（よりまし））。このばあいそれらのよりしろは、樹木、岩石、動物、御幣、狂女、童子などそれぞれの具体的事物であるままで、共同体の神々や精霊をその「意味」として宿す。

すなわちこれらの事物や人物はその性格を二重化されて、直接的・個体的な性格のほかに、媒介された「普遍的」性格を刻印される。たとえば岩石は、その固有の相貌のままでひとつの神を標章するものとなる。

媒体が巫女などの人間のばあい、それは共同態的な秩序と権力の発生における、賤なるものと聖なるもの、けがれたものと高貴なるもののめくるめく弁証法を展開する酵母とまでなる。

たとえば貨幣は、市民社会の依代《よりしろ》である。それは集合態《ゲゼルシャフト》における、媒介された、「人びとの意識から独立した」共同性の憑依体として、市民社会の物神である。

共同態の物神としての伝統的な諸物神が、直接的な共同性としての主観の共同性の、対象に付与する「第二の物的性格」をその存立の機制としているのに対し、集合態の物神としての近代市民社会の諸物神は、ぎゃくに主観の個別性を行為事実的（tatsächlich）に媒介する媒介自体が、この媒介された共同性の固有の力能を、みずからの権能としてその身におびるメカニズムをその存立の機制としている。

主体の自己疎外と物象の再人格化

人間たちの物質的・精神的な生活の内容を規定している、彼ら自身の実践的連関の総体性が、このように対象的な実体として物象化すると、個々の人間たち自身のがわには、次のような二重の、たがいに矛盾した帰結が生ずる。

第一に、自己のこの共同的な存在性を外化し、疎外してしまった個々の人間にとって、他者およびその全体としての「社会」は、今やモノとして外在する対象にすぎないのだから、それらはただ利用し、適応し、拮抗すべき外的な条件にすぎず、自己自身の生を意味づける主体として存立しない。したがって自己自身の生を意味づける主体はいまや自己自身以外にはなく、彼はいわば小文字の神として、自己を絶対化し神格化せざるをえない。（抽象化された「私」のエゴイズム）

　ところが同時に他方において、彼は自己自身の参与する協働連関の固有の力を外化し、疎外してしまっているから、彼はこの対象化された巨大な力に従属することによってしか生きられない。「いのちの綱を失うまいとすれば」彼はこの外在的な分業の体系のどこかの一環に適合する「職業的」能力として自己を成形し、その活動の諸成果を交換価値として実現しなければならない。いまやこの、対象的に存立する「構造」ないしシステムが本質的なものとなり、諸個人としての諸個人は偶然的なものとなる。かくして彼は、モノとして存立するはずのこの疎遠な「法則」の全体系に（たとえば市場の法則の客観性に）、従属するものとして、いいかえればモノの運動の一環として自己自身を体験せざるをえない。

　このような自己物象化は、労働力そのものの商品化において、さらには労働過程そのものの機械システムへの従属において、いっそう高次化し、具象化して完成される。けれどもその本源的な規定そのものは、ブルジョアジーやプチ・ブルジョアジーを含めて、自己の生命活動の基本部分を交換価値として実現せざるをえない、商品社会すべての成員に貫通している。

　このように一方において、抽象的・形式的な範式における自己神格化と、同時に他方で、具体的・実質的な生活における自己物象化、したがって「挫折」を宿命づけられた抽象的「自由」の悲劇性、これこそがこの世界における主観性の〈実存〉的存立構造である。

あたかも対象的世界において、賤しい物在であるはずのかの媒介が、神として全能の力を発揮することと双対的に、ここ主体的経験において、神たるはずのこの自我が、賤しい物在としての無力を生きねばならない。

この矛盾は実際上多くのばあいは、自由な意思そのものの物象化された運動への適合というかたちで、いわば客観的な「運命愛」として解決される。〈精神〉がみずから物在たることを意思したのだとすれば、それは〈精神〉の尊厳を傷つけるものとはならないというわけである。すなわち現実には、物象化された事態の運動が、この運動に編入されている諸個人のうちに、固有の欲求や理念をつくりだし、この欲求や理念が諸個人をその内面から駆りたてて、みずからをこの〈物の運動〉の担い手《トレーガー》――「自由に意思した」担い手たらしめる。

疎外された欲求や理念を媒介として、主観的に自由な実存の企てを、その全き主観的自由のさなかで〈物の運動〉のうちに包摂する反弁証法。非理性の狡智。「のりこえられたのりこえ」としての「過程＝実践」（サルトル『弁証法的理性批判』）。エゴイズムの背理。

このいわば自由の凌辱が、むきだしの利害関心《インテレッセ》の回路を短絡するベンサム的形態をとるか、幻想的な理念《イデー》形成の回路を迂回するカント的形態をとるかということの相違は、二次的な問題にすぎない。事実たとえば、資本の蓄積過程におけるプロテスタンティズムのばあいのように、利害関心《インテレッセ》と理念《イデー》の境界は、結局純粋に主観的なものにすぎないばあいが多い。

　物象化された事態は、このように諸個人の欲求や理念を形成することによって、これらの諸個人をみずからの生ける担い手たらしめることをとおして、はじめて現実に運動しうる。そしてこのとき諸個人は、これらの物象の要求にのりうつられた人格として、それぞれに媒介された社会的性格を刻印づけられる。

「資本家と賃金労働者とは、そのものとしてはただ資本と賃労働との肉体化であり人格化であるにすぎない。すなわち、社会的生産過程が個々人に押印する一定の社会的性格である。」（『資本論』第三巻、*MEW*, Bd. 25, S. 887.）

　たとえば資本家は、（労働者、等々に例をとっても同じことであるが、）温厚、感傷的、等々といったそれぞれの直接的な人格性の他に、資本の運動の受肉化として、新しい媒介された人格性を刻印され、彼の他者たちとの現実的な関係を基底的に規定するのは、この新しい、のりうつられた人格性の方となり、直接的な人格性はぎゃくに偶然的なものとして、この第二の人格性に包摂されるか疎外されてしまう。

＊

以上の論点をいったん総括しておくならば、現代社会のさまざまな社会的形態の存立構造は、以下の諸節でみるようなそれぞれの領域と論理水準において、つぎの三つの契機において考察されなければならない。

R〔関係性の様態〕　社会的諸連関、諸過程、諸契機の相互外化による凝固化、自立化、物象化を必然的に生み出すような、関係性の特質を、それぞれの関係領域と論理水準においてまず明確に把握すること。

O〔対象性の様態〕　このような関係の総体性の〈対象的な主体化〉つまり物神化の機制。具体的には、この総体の依代《よりしろ》となる諸々の媒介の物神化された形態とその存立機制を、各領域、各水準において明確に把握すること。

S〔主体性の様態〕　このような総体性の〈対象的な主体化〉と双対的に存立する、個体性の〈主体的な対象化〉、つまり連関の中の諸個人の、疎外され空疎化された主観の絶対性、すなわち〈実存〉としての存立の機制。および物象の再人格化として、これらの〈実存〉の現実的な定在の諸形態となる、さまざまな社会的性格とその存立の機制とを、各領域・各水準において具体的に論定すること。

二　疎外＝物神化の上向的次元累進

——物象化の重層的構成——

『経哲草稿』における疎外論の問題

『経哲草稿』における有名な四重の疎外の提示において、その叙述の順序がいわば逆立しているという問題をさきにみてきた。しかしこのことは、すでにのべたように、この叙述をいわば遡行的分析の過程として了解すれば、あやまりであるとはいえない。けれどもこの四つの疎外の併記ということの中には、もうひとつのより実質的な問題点——あるいは未完成性がひそんでいる。すなわちそこには、商品—貨幣関係それ自体の論理水準における労働の疎外の問題と、資本—賃労働関係の論理水準における労働の疎外の問題が、疎外の四つの規定として、たんに並列されている。

すなわち④「他の人間からの疎外」および③「類的本質からの疎外（共同的なあり方《ヴェーゼン》からの疎外）」は、商品—貨幣関係の前提それ自体としての、対象的に媒介された分業の体系における人間労働の存在規定そのものであるのにたいし、②「生命活動としての労働そのものからの疎外」および①「労働の生産物からの疎外」は、〔たしかに商品生産一般においても可能態として潜在

していると
はいえ」これが現実態となるのは、もちろん資本―賃労働関係の論理水準において、商品化された労働力の使用過程としての労働の特質である。

じっさい後二者（①および②）の規定は、プロレタリアートの労働に特有の現実であるのにたいし、〔あるいは少なくとも、その充全な現実性においてはプロレタリアートに固有の妥当性をもつのにたいし、〕前二者（③および④）は、ブルジョアジーやプチ・ブルジョアジーを含めて、商品―貨幣関係の内部に生きるすべての人間の労働に汎通する現実である。

このことは、『経哲草稿』において、私有財産一般と、資本としての私有財産が区別されていないということとも照応する。すなわちそこでは、「私有財産の関係は、労働、資本、およびこの両者の関連である」云々というように、私有財産がア・プリオリに、最初から資本であるかのように取扱われている。そこには後年の『資本論』におけるように、「貨幣の資本への転化」という問題視点はみられない。

このような疎外＝物象化の論理の重層的な構造の明確な把握は、『要綱』―『批判』―『資本論』に至る後年の苦闘の中で、貨幣論と資本論、商品論と貨幣論、等々の重畳する構想として、はじめて獲得されたものであった。（この間の展開については、平田清明『経済学と歴史認識』参照）

物象化の理論としての『資本論』の論理構成

『資本論』はこれを、経済諸形象の存立構造の理論としてまず把握するとき、それは次のように、重層的に累進する物象化の理論としての論理構成をもっている。

第Ⅰ巻、直接的な生産過程としての個別資本それじたいにおける、生産関係の本源的な物象化が、三つの論理水準において解明される。

一、「自然生的な分業関係」、すなわち、即自的・媒介的な協働連関における、生産諸主体の集列的《ゲゼルシャフトリッヒ》な関係一般のすでにもたらす、第一次的な物象化としての商品と貨幣。（第一篇）

二、労働力の商品化を歴史的な前提とする、資本―賃労働関係において、貨幣がいわば自己増殖する価値としての資本に転化し、剰余価値を搾取する「主体」として、その物神性のポテンツ（力能の次元）を高次化する。（第二、三篇）

三、さらにこの資本による統括のもとで、通時・共時的な協働連関の合理化・機械化が進展するが（機械と工場！）労働のここに累乗化された力能は、労働自体にではなくて、通時・共時的協働のこれらの物象的定在の力能として、従って「資本」に帰属するものとして、「資本自身の胎内から生まれてくる力として現象する」。この相対的剰余価値の生産において、搾取・階級関係はいっそう即物化versachlichenし、資本の物格化と神格化のポテンツはさらに高次化する。（第四、五篇）

同時にこのような不変資本部分の外面化と照応して、労働力の価値または価格の労賃（労働の価値または価格として現象する）への転形において、可変資本部分もまた外面化する。（第六篇）

第II巻、資本の流通過程。第I巻の第一水準における、諸主体間の水平的な集列性《ゲゼルシャフト》の関係とその諸帰結が、〔諸商品のそれから諸資本のそれへ、高められた次元《ポテンツ》において〕再び主題化される。〔ここで一単位としての「資本」は、一個人ないし一法人の所有する総資本ではなく、第I巻の主題からして当然に、直接的生産過程の一サイクルをその論理的ユニットとすることはいうまでもない。〕

この「流通の平面」は、（商品―貨幣の流通がそうであるように）二つの次元《ディメンジョン》から構成される。

A、第一にこの単位資本の通時的連鎖関係、すなわち資本が姿態変換しつつ循環し、回転する時間的連鎖関係であり、（第一、二篇）

B、第二に諸資本の共時的連鎖関係、すなわち諸資本がたがいにその価値諸部分を補塡しあい、実現し合う社会的連鎖関係である。（第三篇。もちろんここでは、すでに第一、二篇が前提されているから、じっさいには通時・共時的連鎖関係としての、再生産表式として総括される。）

この流通関係においては、「元来の価値生産の諸関係がまったく背景にしりぞいてしまう」にもかかわらず、商品に吸収された価値の回収も剰余価値の実現もともに、この流通のなかでのみなされるがゆえに、これらの価値も剰余価値も流通から発生するようにみえる。しかもこの平面は集列性の、すなわち「競争の部面」であるから、その諸法則は個々の資本家に外在する。かくして関係はいっそう即物化＝物象化《フェアザッハリッフング》のポテンツを増す。

第Ⅲ巻。直接的生産過程と流通過程とを、そのいわば垂直的・水平的な契機《モメント》として統合する立体的な総体としての、社会の総生産過程を視野に収める。この総体的連関の中で、剰余価値はさらに幾重もの転形と骨化を重ねることによって、その物象化を累乗し、資本制経済体制の総体的な姿態形成 Gestaltungen を完成する。

一、剰余価値の平均利潤への、価値の生産価格への「転形」。

A、第一に資本の通時的連鎖の中で、剰余価値はまず利潤に転形し（第一篇）

B、第二にこの利潤がさらに、諸資本の共時的連鎖の中で、平均利潤に転形する。したがって「価値が生産価格に、すなわち市場価値の調節的平均に転形する。」（第二篇）

二、最後にこの利潤の諸部分が、地代や利子や商業利潤や企業者利得といった分配諸範疇として「骨化」する。（第四、五、六篇）

ここに「剰余価値の各部分の相互間の疎外と骨化との形態は完成され、内的な関連は決定的に引裂かれ」、剰余価値の源泉はこの幾層もの鱗状被覆《アンブリカシオン》（バリバール）によって「完全にうずめつくされる。」（第七篇）

以上を総括して、経済諸形象の存立構造の理論として、具体的には、重層的に累進する物象化の理論としての『資本論』全篇の骨格構造を図示すれば次ページの図のようになる。

共同性の媒介化と媒介の階級的な収奪

このような『資本論』の重層的な論理構成は、現代社会の社会的な諸形象の存立構造の、総体的・具体的な把握をめざすわれわれの企図にとっても、高度に示唆的である。

われわれは現代社会の物象化的な存立構造を、次のような基本的な諸論理水準の重層的な構成としてとらえることができる。

一、現代社会の最も抽象的な規定性としての、集列性《ゲゼルシャフト》原理そのものがすでに、論理必然的にもたらす物象化の論理水準。

注　Gesellschaftが関係性の原理そのものを示すときは「集列性」、この原理において成立している社会関係の複合的総体《アンサンブル》を示すときは「集合態」の訳語をあてる。Gemeinschaftに関しての「共同性」と「共同態」も同じ。

商品の分析が市民社会の経済理論の〈端初《アルケー》〉をなすのは、この商品関係こそが、貨幣関係、資本関係、等々をその上に重層的に存立せしめる、市民社会のあらゆる経済関係の最も基礎的・汎通的な規定性をなすからに他ならない。そしてこの商品関係こそは、「自然生的な分業の体系」すなわち即自的・媒介的な協働連関、いいかえれば集合態の生産関係における規定が、論理必然

物象化の理論としての『資本論』の論理構成

第Ⅰ部　直接的生産過程としての、
個別資本それ自体における社会的諸関係の本源的な物象化 …………第Ⅰ巻

一、〔前提としての流通論〕個別的な商品生産相互の集列的関係における、協働連関の基礎的な物象化＝商品・貨幣論 …………第一篇

二、資本概念の原型的な把握：剰余価値

- （流通過程→）形態規定〔G—W—G'〕＝「自己増殖する価値」 …………第二篇
- （生産過程→）実体規定〔c. v. m〕＝搾取・階級関係としての実質 …………第三篇

三、資本における搾取・階級関係の物象化の進展

- 相対的剰余価値：合理化・機械化の進展：[c]の物象化 …………第四篇
- 　→絶対的および相対的剰余価値の生産 …………第五篇
- 労働力の価値の、労働の価値への転形（労賃）：[v]の物象化 …………第六篇

▶〔通時的考察Ⅰ〕資本の蓄積過程 …………第七篇

第Ⅱ部　総体的生産過程としての、
諸資本の社会的連関における物象化の累乗化的な完成 …………第Ⅱ、Ⅲ巻

一、〔前提としての流通論〕個別的な資本家的生産相互の集列的関係

- A、通時的連鎖関係……資本の循環と回転 …………Ⅱ、第一、二篇
- B、共時的（通時的）連鎖関係……社会的総資本の再生産表式 …………第三篇

二、〔流通過程の帰結〕価値の生産価格への「転形」
　　＝物象化の本源的な過程そのものの物象化

- A、（通時的連鎖→）剰余価値の利潤への転形 …………Ⅲ、第一篇
- B、（共時的連鎖→）利潤の平均利潤への転形 …………第二篇

（A・B）[m]の物象化Ⅰ

▶〔通時的考察Ⅱ〕利潤率低下の法則 …………第三篇

三、[m]の諸部分の分配諸範疇への自立化、「骨化」

- a、利潤の一部の商業利潤への転形 …………第四篇
- b、利潤の利子と企業者利得への分裂 …………第五篇
- c、利潤の一部の地代への転形 …………第六篇

（a・b・c）[m]の物象化Ⅱ

総括、累乗的に完成された物象化の姿態 …………第七篇

的にかつ直接的に存立せしめる関係に他ならない。

すなわち、現代社会の諸個人の実践的な関係性の、いわば水平的に抽象された契機としての集列性原理そのものがすでにもたらす、社会的形態化の論理水準がまず存在する。〔歴史的にみても、たとえば古代ギリシャやローマ（『ヨハネの黙示録』！）等にみられるように、商品―貨幣水準の物神化はすでに、資本制よりもはるか以前の諸社会にも存立している。たとえば諸共同体の中で、奴隷あるいは農奴の労働によって生産されたものでも、諸共同体間の関係で商品化され、各共同体がこれを媒介に、多かれ少なかれ相互に依存し合う交換関係のうちに編入されるとき、共同体を単位とする集列性の関係、すなわちいわば、共同態・の・集合態がここに存立する。歴史的諸研究の示すとおり、あとになってこの関係が共同体の内部に浸透し、これを風化し解体する。しかし近代の市民社会でも、実態においては単位は個人でなく、最小限の共同態としての核家族であるから、（「双個合して」以て初めて近代の主体たりうるとする透谷の直観は正しい。）〈共同態・の・集合態〉という表現はけっして奇矯なものでない。むしろそもそも集合態とは、共同態間の関係の様相に他ならなかったのである。〕

『資本論』の結論部分では、「資本主義的生産様式をはじめから特色づけているもの」が、「次の二つの性格特徴」として総括されている。

第一は、「この生産様式はその生産物を商品として生産する」こと、「商品であることがその生産物の支配的で規定的な性格である」ことである。ここから「価値規定の全体が、また価値によ る総生産の規制が」生ずる。すなわちここでは、「社会的労働の配分も、その生産物の相互補足すなわち物質代謝も、社会的連動装置への従属や挿入も、個々の資本家的生産者たちの偶然的な相殺的な活動に任されてある。」彼らは、「外観上はただ自己自身の恣意のみによって導かれて」行動するゆえに、ぎゃくにこの価値法則は、このような彼ら相互の加え合う競争の圧力を媒介として、「ただ内的な法則として、個々の当事者にたいしては盲目的な自然法則として作用する。」（主観的な自己神格化＝客観的な自己物象化！）したがって「すでに商品のうちに、……資本主義的生産様式の全体を特徴づけている社会的な生産規定の物化も、生産の物質的基礎の主体化も含まれている。」（主体の対象化＝対象の主体化！）（*MEW.*, Bd. 25, SS. 886–7.）

二、これとならんで第二の特徴は、「生産の直接的目的および規定的動機としての剰余価値の生産」である。ここでは、第一の論理水準とは異って、資本と賃労働との垂直的な、階級的な支配関係が基軸をなしている。すなわちここでは、「直接生産者の大衆にたいして、彼らの生産の社会的性格が、厳格に規制する権威の形態をとって」相対する。（*MEW.*, Bd. 25, SS. 887–8.）

このように、商品物神の存立機制と、資本物神の存立機制とは、その構造を異にする。

商品物神の秘密は、即自的・媒介的協働連関における水平的な集列関係に求められるべきものであるのにたいし、資本物神の秘密は剰余労働の収奪に、すなわち垂直的な階級関係に求められるべきものである。

けれどもこの資本―賃労働関係が、それ以前の諸社会における階級関係と異って、人格的支配の関係ではなく、非人格的《インパーソナル》な支配の関係として、はじめから物象化して現われることの根拠は、この新しい階級関係が、労働力の商品化という、商品関係をその存立の基礎としていることにこそある。すなわち資本―賃労働関係は、論理的にも歴史的にも、商品関係の発展を前提とすることなしには存立しえない。

しかしこの新しい関係の水準において、「資本は本質的に資本を生産する」というように、自己増殖する価値として、社会的生産関係の対象化的な主体化、すなわち物神化は自乗される。

このような、媒介の階級的な収奪による物神性の自乗化は、経済形態の物象化においてのみならず、のちにみるように、国家等々の物神化における組織形態の物象化、理念等々の物神化における意識形態の物象化においても同様にみることができる。

媒介自体の技術的合理化過程の貫徹

三、階級支配の資本家的な形態を種差的に特徴づける、かの非人格的・物象的な性格はさらに、媒介そのものの合理化・機械化の貫徹によって完成され、資本物神そのものの物神性をさらに自乗化する。

すなわち資本家的協業、マニュファクチュア、機械制工場生産と、次第に展開する資本家的生産方式においては、社会的協働の力がたんに階級的に収奪されているばかりでなく、通時・共時的協働連関の媒介をなす生産手段と労働組織そのもののうちに合理化が貫徹することによって、それぞれが機械および工場としての圧倒的な物的定在性を獲得し、これらによる直接的な労働の支配という現象のうちに、階級関係の人格性は完全に抽象され、即物化される。

媒介のこの合理化と機械化は、資本制社会においては「資本の生産力の不断の増大として現われる」ように、現実には垂直性の階級関係を補強し完成する契機として定在する。

けれどもこの合理化と機械化の原理そのものは、むしろ集列性《ゲゼルシャフト》の関係のうちにこそ形成される。

ルカーチは物象化の前提として、「合理的な機械化と、計算可能性の原理とが、生活の現象形態全体をとらえねばならない」ということを強調している。（*Geschichte und Klassenbewusstsein*, 1923, Luchterhand (1968), S. 266. 城塚訳一七四ページ）

ここで「機械化」ということばを、狭義の「機械」化という意味にとるならば、もちろんこの主張は誤っている。〔けだし物象化は「機械」化のはるか以前に、たとえば手工業的な商品生産者相互の間にも、すでに原型的には存立するからであり、したがって機械化は物象化一般の「前提」ではないからである。〕しかしルカーチはこのことを、共同態的《ゲマインシャフト》な先行の諸社会における社会関係の人格性を、マルクスが強調した個所を引用したあとで、このことの対照において強調しているのであり、次の重要な文章へとひきつづいている。「欲望充足の対象は、（たとえば村落共同体でのように）もはやある共同態《ゲマインシャフト》の有機的な生活過程の産物としてではなく、一方では同種類の他の諸事例と原則的に区別されえない、類のたんなる抽象化された一事例として（als abstrakte Gattungsexemplare）、他方ではこれを所有するかいなかが、合理的計算によって決定される孤立した対象としてあらわれる。」（*Ebenda*, 訳一七四―五ページ）（たとえば三里塚農民にとっての「土地」と「土」、この把握の相違がもたらす、決定的な生き方の相違をもって、この文章を了解しうる。）

すなわちここでは、共同態《ゲマインシャフト》との対比における集合態《ゲゼルシャフト》が、すでにそれ自体の水準において、「一般的な計算可能性」、これを目的とする合理化の原理とともに、対象の機械的な解体（Mechanisierung!）を要請し胚胎することが剔出されている。

「このことはまた、（狭義の）合理化・機械化ということが、たしかに資本制生産をその歴史的発生の基盤としつつも、このような階級関係の廃絶ののちも、（よかれあしかれ）なお展開しつづけうることの根拠でもある。」

資本制生産における、生産手段と労働組織の機械化・合理化は、このような集列性の原理の、直接的生産過程への貫徹であり具象化である。すなわち元来水平的な集列性の〈精神《ガイスト》〉としての、対象の抽象化的な合理化が、人間労働力そのものの商品化を挺子として、直接的生産過程自体の内部に、いわば縦深的に貫徹した形態である。

したがって物象化のこの第三の論理水準においては、第一水準の物象化の論理を貫徹することにおいて、第二水準の物象化を自乗化的に完成せしめる、というかたちで、二つの水準が前提的な契機として統合されている。

機械と工場を媒介とするこの相対的剰余価値の生産においては、絶対的剰余価値の生産におけるような直接的な搾取関係が物象化され、媒介たる機械や工場の幻想的な主体化（物象化）によって、階級関係がたとえば機械による支配として現象するが、これとおなじに政治領域や文化領域においてもまた、階級的に掌握された媒体それ自体のうちに合理化・機械化の原理が貫徹することによって、「官僚制の支配」、あるいは「マス・メディアの支配」といった現象を存立せしめる。

この水準の物象化の重要な帰結の一つは、このように合理化された媒介それ自体を現実に機能せしめる人格的な担い手《トレーガー》として、被支配階級の上層部分が選別され、新しい「中間階層」として独自に階層化されるという問題である。すなわち生産過程における技術者、組織過程における組織人、（官僚《ビューロクラット》、としての管理—事務職員）、および文化過程におけるメディア人等々。（生産技術者。組織技術者。文化技術者）

産業技術の体系に従属する一般労働者大衆、官僚組織に管理される組織外大衆《アウトサイダー》、メディアのメッセージを受動的に経験する受け手大衆《オーディエンス》にたいして、彼らはいわば、支配階級とこれらの大衆を機能的に媒介する中間者として対峙する。

合理化された媒介の機構によって、これらの大衆の人格がいわば外的に規格化され、受動化されるのと対照的に、これらの新中間階層は、合理化された媒介それ自体の人格化として、その人格をいわば内的に規格化され、そのことによって現象的に能動化される。（技術人、組織人《オーガニゼーション・マン》ないし官僚《ビューロクラット》、各種メディア人、等々のいわば内的に風化した精神構造！）彼らの社会的性格の典型像は、分析理性の権化としてのシニカルな合理主義者である。それを彼らの社会的存在が要求し刻印づけるからである。

第一の論理水準における社会構造のいわば単層的な把握が、第二の論理水準において階級的な二層構造として把握しなおされたように、ここ第三の論理水準においては、「新中間階層」によって機能的に媒介されるいわば三層構造として、現実の資本制的な世界がより具体的に把握される。この第三の水準において、被支配階級内部の階層の分化が把握されたように、次にのべる第四の論理水準においては、たとえば貨幣資本家と機能資本家（「所有と経営との分離」！）等々、支配階級内部の分化が根拠づけられる。

このように、物象化の論理水準の重層的な次元累進は、同時にまた、現実の重層的な社会構造の次第に具体化される把握の過程に他ならない。

物象化の重層的姿態完成

四、さきに引用した、資本制生産様式を二つの性格特徴において総括した個所のおわりに、マルクスはこう記している。

「――ところが、この権威の担い手たち、互いにただ商品所有者として相対するだけの資本家たち自身のあいだでは、最も完全な無政府状態が支配していて、この状態のなかでは生産の社会的関連はただ個人的恣意にたいする優勢的な自然法則としてその力を現わすだけである。」（*MEW.*, Bd. 25, S. 888.）

すなわち、第二、第三水準における階級関係の支配者相互が、ここでふたたび、相互に集列関係に入る。このような、いわば〈階級関係を内包する集列関係〉、あるいは〈垂直構造・の・水平関係〉としての立体的な総体の構造こそが、資本論第二部（第Ⅱ、Ⅲ巻）の主題に他ならない。

第三の論理水準においては、階級関係の論理の中に、集列関係の論理が包摂されることによって、階級関係がみずからの物象化的な姿態を完成するのであるが、このような階級関係自体が、ふたたび集列関係の中に、単位として包摂される地平が、この第四の論理水準に他ならない。

ここでは資本家は、第二、第三水準のばあいとちがって、もはや過程の主体ではなく、ふたたび無力な客体として存在する。たしかにみずからも一枚かんではいるが、同様な規格をもつ無数の他の主体たちとの、相互に加え合う圧力と競争の部面をつらぬいて、対象的な疎遠な力として存立する法則性を、非条理な力としてその身にこうむる。

彼らの汲み出した剰余価値の、この部面における幾重もの転形・骨化は、この剰余価値の存立の秘密（存在《ザイン》の真理としての生成《ヴェルデン》！）を、彼ら自身の目からもおおい隠してしまう。

資本制世界はここに、その総体としての物象化された姿態を完成する。

このようないわば、垂直的に貫徹された合理性の体系相互が、あらたに形成する集列性の地平において、ふたたびいっそう高次化された疎外＝物象化の諸形態を見出すということは、経済の領域においてのみならず、たとえば政治の領域において、主権国家相互の集列性の地平としての、国際関係のさまざまな現象においても、また文化の領域において、ヴェーバーが指摘するような、価値の体系相互の間の、〈神々の永遠の戦い〉とその諸帰結についても同様にみることができる。

＊

本章においてわれわれは、現代社会のさまざまな社会的形象の物象化的な存立の機制について、次の四つの論理水準を順次にとりあげて検討してきた。すなわち、

一、媒介された共同性。すなわち諸個人の相互に依存する集列性の関係が、それ自体として存立せしめる物象化の論理の水準。

二、媒介の階級的な収奪。これによる媒介の、対象化された主体性（物神性）の自乗化。同時に階級関係の、非人格化・物象化的な存立。

三、媒介の合理化過程の貫徹。集列関係を性格づける即物的《ザッハリッヒ》な合理化の原理を、階級関係が捕捉し貫徹せしめることにより、階級関係がその物象化的な定在を完成する。

四、合理化された体系相互間の集列性。垂直的に合理化された諸体系そのものをユニットとする、高次化された非合理性の地平。物象化された世界の総体的な姿態完成。

現代社会のさまざまな社会的形態の存立構造は、このような諸論理水準の、重畳し次第に具体化する上向的展開を以てはじめて、その豊富な諸契機の重層化された総体性において把握することができる。

三　経済形態・組織形態・意識形態

――物象化の総体的展開――

外化された共同性としての貨幣・国家・神

第一章においてみたように、物象化の原基的な論理は、諸主体の分散的統合としての集列性の関係をその本源的な基盤とする、主体の対象化と対象の主体化、すなわち対象の物神化と主体の自己疎外との双対的な存立にあった。

経済の領域においてこの論理を原型的なかたちで示すのは、諸商品の関係性から貨幣形態の生成にいたる、「価値形態論」の展開に他ならない。すなわち元来、個別的な価値形態自体においては、あくまでも相対的価値形態が主体で、等価形態はその他者として対象である。

どの商品もたがいに主格たらんとしてせめぎ合うこの商品世界から、やがて一つの商品が押し出され、他のすべての相対的価値形態（主体たち！）の共通の他者、共通の対象としての性格を押印される（Notre Dame !）。

この一般的等価形態は、商品世界のいわば普遍的他者として、諸商品相互の関係（交換・流通）を媒介し、そしてこのことをとおしてぎゃくに、この商品世界の総体性の、幻想的な主体としてたちあらわれる。つまりみずから絶対的な対象たることによって逆に、絶対的な主体としてたちあらわれる。

ところでマルクスが、経済関係におけるこのような、絶対的な対象性の絶対的な主体性への転化を追跡するにあたって、これと同様の推転を示すものとしてたえず対照しているものに、他の二つの系列がある。すなわち一つは、「王位」「金モール」等々、権力の秩序の存立の機制を示すことがらであり、他の一つは「神」「ミサ」等々、宗教的観念の存立の機制を示すことがらである。

これらの表現は、一見たんなる「文学的」修辞にみえる。けれどものちにみるように、これらの指摘は、社会的諸形象の存立の論理というものが、経済領域においてのみならず、これらの政治的・イデオロギー的な領域においても、同様に貫徹していることをわれわれに示す。

『資本論』におけるマルクスの問題意識が、近代市民社会総体の存立の構造の把握にあったということは、いまさら強調するまでもない。たしかに『資本論』自体においては、この総体の「土台」をなす経済構造が、さしあたりの主題となっている。したがってこれら、政治的・イデオロギー的な諸形態への言及は、これを一切省いても論理の文脈そのものは失われない。けれどもこのような経済形態の論理展開は、政治形態やイデオロギー形態を含む、近代市民社会総体の表象によってつねに伴奏されている。

今われわれが現代社会の総体的な存立構造の把握をみずからの課題となすかぎり、『資本論』

論理の射程は一経済領域を超えて、この交響する「伴奏」の総体において追求され、把握されなければならない。

今当面の事例に即してみるならば、たとえば貨幣という一つの社会的事実（fait social）の秘密は、いましがたみてきたように、これを存立せしめるところの諸商品の側からはじめて解明することができる。

これはたとえば国家というものを、自己の〈対象的な主体〉として要請せざるをえないという、共同体↔市民社会の歴史的な性格から出発してはじめて透徹して把握しうること、あるいはまた外化された普遍的理念（たとえば神）というものを、自己の〈対象的な主体〉として要請せざるをえないという、人間たちの「実践関係」の歴史的な性格から出発してはじめて透徹して把握しうることと、その論理の構造を一にしている。

「リンネルの価値存在〔相対的価値形態！〕が上着〔等価形態！〕とその同等性に現われることは、キリスト教徒の羊的性質が神の仔羊とその同等性に現われるようなものである。」（*MEW*, Bd. 23, S. 66.）「等価形態というものは、……ただリンネル商品が上着商品に関係する価値関係の中でのみ認められる。およそこのような反照規定というものは奇妙なものだ。たとえば、この人が王であるのは、ただ、他の人々が彼にたいして臣下としてふるまうからでしかない。ところが彼らは反対に、彼が王だから自分たちは臣下なのだと思うのである。」（*Ebd.* SS. 71–2.）

〔補注〕なおこの個所でマルクスは、リンネル商品の内に潜在する価値という潜勢力《ポテンツ》が、上着という他なる存在においてはじめて表現され具象化されうるという関係を、「わかりやすく」了解せしめる例として、「重さをはかる鉄片」（おもり）の例を選んでいる。棒砂糖の抽象的な属性としての「重さ」は、おもりという他なる物体においてはじめて具象化されうる。貨幣物神の萌芽たる等価形態の概念は、このようなおもりの機制において、その最も素朴な比喩をもっている。

いま「権力」ということばをとりあげて考えてみると、「権化《ごんげ》」とか「権現《ごんげん》」とかいうように、「権」とはもともと、ある抽象的な潜勢力《ポテンツ》が、何か他のものにおいて具象化されることである。権妻とか権中納言というように、たんなる代理の観念もこの転義である。ところが「権」は一方において、権謀術数というように、「はかりごと」の意味をももっている。このように多義的な「権」の用法は、その原義を知ることで納得される。すなわち「権」とは、太初には「おもり」の意味であり、そこから一方には「はかる」という字義、他方では代理的な具象化の意味が生じた。このように転意していったことは、それを用いた民族の意識の中に、「おもり」というものを、抽象的な潜勢力《ポテンツ》の他なる存在による具象化のはたらきとして、了解する直感の存在したことを意味する。（それでなければおもりを示す文字が、「権化」「権現」等々に転用されることはありえない。）そして同時に〈権力〉を表示するのに、この文字を以て表現してきたことは興味深い。強大な権力とは、その臣下に強大な潜勢力をもつ権力に他ならないように、権力とはもともと、〔その真の主体にして現象的な客体である被支配者の潜勢力の〕対象的な主体化として、まさしく「権」力に他ならない。もちろん語源的考察をもって論理それ自体に代用するようなことは、厳に斥けねばならないが、このような、原的な主体の潜勢力の外化され具象化された表現、という意味をあきらかにもつ文字をもって〈権力〉を表示してきたことは、権力の存立の機制に関する、ある的確な直感の存在しつづけてきたことを示唆する。

すでにみたように市民社会は、そのつながりが媒介的・即自的な相互依存の関係であるがゆえに、そのような自己の共同本質《ゲマインヴェーゼン》を、一つの普遍的な他者、各私人にとっての共通的な他者として外化し、対象化し、疎外して存立せしめる。このような市民社会における、他者性としての共同本質、すなわち外化され、対象化され、疎外された共同性こそが貨幣に他ならなかった。（『経済学批判要綱』）

しかしこのことは同時にそのまま、政治的形態における〈国家〉、（抽象的普遍者としての近代国家）をその典型とする、公的なるものの機構的存立の機制でもあり、同時にまた、イデオロギー形態における〈神〉（抽象的普遍者としての抽象神）をその典型とする、普遍的なるものの理念的存立の機制でもある。

これらはすべて、相剋する私的な諸主体の共同の対象であることによって、その諸主体を逆に意味づける権威として、幻想的な主体としてたち現れる。

このように市民社会は自己の共同本質を、抽象的に「公的なるもの」として疎外する。具体的普遍は解体し、具体的なるものは特殊性として、普遍的なるものは抽象性として存立する。（〈私〉のエゴイズム・対・〈公〉の抽象性！）

再・共同化の媒介としての事物・他者・言葉

だがそれにしても、市民社会《ゲゼルシャフト》における疎外されたみずからの共同性《ゲマインシャフト》は、なぜこのように、たえず三重の現われ方をするのか。

直接的・即自的な共同性としての原生的な共同態が減圧し、「個」の時間性が析出したとき、この自立化する諸個人を再・共同化するメカニズムは、その媒介の形態によっていわば三重の様相をとる。

すなわち第一に事物《モノ》を媒介とする様相、第二には他者《ヒト》を媒介とする様相、そして最後に、記号《コトバ》を媒介とする様相である。

これらは関係の種類を規定するのではなく、関係の三重化された様相を規定している。

たとえばある個人とある個人が、おたがいの生産物を交換するということにおいて関係し合うとき、この交換の現実性は、その社会の他のメンバーたち（第三者）による所有権の確認においてはじめて保証されうるし、同時にこの交換も確認も具体的には、（「身ぶり言語」等々を含む広義の）記号《コトバ》を媒介としておこなわれる。等。

もちろん個々の関係をとりだしてみれば、このうちの一つあるいは二つの様相を欠くこともあるが、総体としてのひとつの集合態《ゲゼルシャフト》が存在しうるためには、必ずこれら三重の様相をもって再・共同化が行われる。

このような再・共同化の三重の様相において、(I)モノを媒介とする様相において、媒介となるモノあるいはモノのシステムが、商品、貨幣、資本等々の経済諸形象として物神化される。同様に(II)ヒトを媒介とする様相において、媒介となるヒトあるいはヒトのシステムが、公権力、国家、官僚制等々の政治諸形象（もしくは組織諸形象）として物神化される。最後に(III)コトバを媒介とする様相において、媒介となるコトバあるいはコトバのシステムが、理念《イデー》、科学、芸術等々の文化諸形象（もしくは意識諸形象）として物神化される。（ここでいう記号《コトバ》が狭義の言語のみならず、「映像言語」等々を含むコミュニケーション媒体の一切を指すことはいうまでもない。）

このような市民社会の物神が、原生的な物神や人神《ひとがみ》や言霊《ことだま》のうちに、それぞれの共同態的な対応をもつことはいうまでもないが、これらの共同幻想の対象がすべてそうであるように、市民社会の三界の物神たちもまた、それぞれの媒体のもつ直接的・自然的な属性以上の、あるとくべつな「社会的」性格を宿すものとして、むしろこれらの性格の権現として現われる。

すなわち(I)商品・貨幣・資本等々の経済諸形象は、具体的な物体としての属性を抽象された「価値」の体現者として現われ、(II)公権力・国家・官僚制等々の政治諸形象（組織諸形象）は、具体的な人格としての属性を抽象された「役割」の体現者として現われ、(III)理念《イデー》・科学・芸術等々の文化諸形象（意識諸形象）は、記号の直接的な所与性（能記《シニフィアン》）をこえた、「意味」（所記《シニフィエ》）の体現者として現われる。

もっと厳密な言い方をすれば、およそこのように対象が、その直接の所与性をこえた、「以上のある者」etwas Mehrとして現われるそのこと自体は、じつは対象世界の一切に通有的な存立の構造であるが、（廣松渉『世界の共同主観的存在構造』）これらの物神化された形象における種差的な特質は、そのetwas Mehrとしての「価値」や「役割」や「意味」が、その都度の関係者によるその都度の生成に先立ち、ぎゃくにその都度の関係者相互の方を、価値づけ、役割づけ、意味づける外在的拘束として、すなわち対象的主体として存立することにある。

すなわちここでは、価値や役割や意味はそれぞれ、人びとの現実的な実践や関係の弁証法の生動する契機としての〈価値〉、〈役割〉、〈意味〉であることをやめて、対象的・客観的《オブジェクティヴ》に凝固して物神化された体系から下降してきて、それらの実践や関係の方を逆に成形してしまう「価値」「役割」「意味」として存在する。

すなわちここでは、価値や役割や意味というものが、人間と事物、人間と他者、人間と自己自身との関係を、その都度かけがえのないものとして深化し豊饒化する契機としての、〈価値〉、〈役割〉、〈意味〉であることをやめて、反対にこれらの実践や関係の具体性を収奪しつつ、交換価値、公的役割、普遍的意味の次元に抽象《アブストラクト》化する契機としての、「価値」、「役割」、「意味」として存立する。

価値への疎外・役割への疎外・意味への疎外

市民社会《ゲゼルシャフト》におけるみずからの共同性《ゲマインシャフト》の、このように外化された存立は、これらに逆拘束される個的な主体のがわに、どのような事態をもたらすであろうか。

原基的な論理自体はすでに第一章でみたように、このみずからの外化された共同的本質《ゲマインヴェーゼン》を、彼らは自己に外在し拘束する客観的な原理として体験するが、そのさい彼らは、この「客観的」原理にたいする「主体的」自己適合として、それぞれの存在位置に応じた社会的性格を発達させる。古典的にはシェイクスピアやモリエールやバルザックやゴーゴリやチェホフによって、現代的にはルフェーブルやマルクーゼやアドルノやミルズやケニストンによって、把握に深浅の差はあれ抽き出されているように、このことは具体的には、次のような様相をとって現われる。

(I)、「ホモ・エコノミクス」としての近代人の抽象化において典型化されているように、諸個人の欲求、関心、感覚は、対象の質的な個性への感受性を抽象され退縮されて、量化され一次元化された（交換）価値への関心へと収斂する。このないわば欲求の〈価値への疎外〉は、モノにたいして、他者にたいして、また反照して自己自身にたいしても貫徹される。（商品としての自己意識！）

(II)、「地位を求める人々《ステイタス・シーカーズ》」等々としての現代人の性格規定において典型化されているように、諸個人の欲求、関心、感覚は、他者の具体的な人格性にたいする感受性を抽象され退縮されて、序列化された地位＝役割status＝roleへの関心へと収斂する。他者の質的な個性は「金モール」（肩書き！）のかげにその姿を没する。このような対人感覚（人間への関心）のいわば〈役割への疎外〉は、第三者にたいしても、直接の対者にたいしても、そしてまた反照して自己自身にたいしても貫徹される。（地位としての自己意識！）

(Ⅲ)、「合理主義的精神」としての近代精神の特色づけにおいて典型化されているように、諸個人の欲求、関心、感覚は、生の質的な具体性への感受性を抽象され退縮されて、合理化された観念の体系の方から天下る「意味」への関心へと収斂する。このようないわば欲求の〈意味への疎外〉は、他者および事物にたいする、また自己自身にたいする態度のうちに貫徹する。（生の手段化。用具としての自己意識！）

以上は人びとの、意思ないし欲求そのものの水準における自己疎外であり、この世界に生きる人びとすべてに貫徹する生活の条件のうちに根拠をもっている。

しかしこのような自己疎外として形成された欲求が、出会う現実の条件は、この世界の二つの階級によって正反対である。

支配階級の人生は、これらの疎外された価値（富）、疎外された役割（地位）、疎外された意味（名声）等に充たされてあることができる。彼らはこの疎外の中に安固と快適を、人生の幸福を見る。

被支配階級の人生は逆に、これらの疎外された欲求の、充足の現実的な条件からふたたび疎外されてある。したがって彼らの疎外は、同時にまた〈価値からの疎外〉、〈役割からの疎外〉、〈意味からの疎外〉として二重化される。

すなわち彼ちの疎外はいわば、目的論的な疎外と情況論的な疎外、内的な疎外と外的な疎外、「自由」としての疎外と「必然」としての疎外とに二重化される。

内的な疎外、目的論的な疎外を彼らは、〔その日常の意識のうちにあるかぎり〕支配階級と共有している。

しかし彼らの人生は、支配階級のそれとは逆に、これらの欲求の挫折として体験される。彼らの生はその意思と、その生活との矛盾をみずからの内部に抱く一つの不幸として生きられる。けれども被支配階級におけるこのような疎外の二重化は、第一の本源的な疎外そのものを疑いかえし、その価値の価値、役割の役割、意味の意味を問いかえす主体の生成の現実的契機でもある。

結　存立構造論の展開

第一章においてわれわれは、〈客観的〉に存立する社会諸形象の存立の機制を問うて、関係性・対象性・主体性のそれぞれの契機における、物象化＝物神化＝自己疎外の機制として、物象化の原基的な論理をまず把握してきた。次いで第二章において、この存立の機制における論理の諸水準を問うて、媒介された共同性、媒介の階級的な収奪、媒介の技術合理化、および物象化の重層的完成という、上向する次元累進において、物象化の重層的な構成を追求してきた。最後に第三章においてわれわれは、このような物神化＝自己疎外の三重の現われの総体を問うて、経済諸形態、組織諸形態、意識諸形態のそれぞれの形態における、「価値」の体系、「役割」の体系、「意味」の体系としての物象化の総体的な展開を追求してきた。

以上の基礎工事をふまえたうえで、今やわれわれは、現代社会の存立構造の理論の総体的な展開を、以下のように構想することができる。

序　存立構造論の課題と方法（本稿）
——物象化・物神化および自己疎外——

I　経済形態の存立構造
――モノを媒介とする連関とその物象化――

一　商品―貨幣関係――媒介された共同性
R　即自的・媒介的協働連関
O　「法則」の客観的な存立
S　絶望としての私的所有

二　資本―賃労働関係――媒介の階級的な収奪
R　労働力の商品化
O　貨幣の資本への転化
S　賃労働・疎外された労働

三　機械と合理化――媒介の技術合理化
R　機械による労働編成
O　生産手段の物神化
S　労働の有機性の解体

四　資本制世界の形態完成――物象化の重層構造
R　資本の流通過程
O　分配諸範疇の転形と骨化
S　収入とその源泉――諸階級

結　「法則性」体系の内的・外的な炸裂
――価値への疎外と価値からの疎外――

II 組織形態の存立構造
——ヒトを媒介とする連関とその物象化——

結　共同性と個体性の弁証法

——現代社会の歴史的存立構造——

〔補注〕　一つの論稿というものに、もしもそのつど完結した総体性というものが期待されているのだとすれば、本稿は三重の意味で不満を残すであろう。第一にそもそも理論というものは、実践の総体性の契機である以上、理論の結論はつねに実践的結論でなければならないはずなのに、本稿の「結」は一つの理論への構想である。「おまえは理論のために理論をやっているのか」という批判が「実践」主義者から発せられるにちがいない。第二にその理論の内部においてみても、ここでの主題は対象化＝物神化＝自己疎外の機制の解明に限られていて、そこからの人間の自己解放の根拠も基盤も示されていない。そこには「救いがない」ようにみえるが、果して現実はそれほど絶望的なのか、おまえの議論は一面の真理にすぎないのではないか、という批判が当然にも予想されうる。第三に、今度はその物象化＝物神化＝自己疎外の機制そのものに内在しても、ここではその一般的・原理的な構造が解明されているのみであって、じっさいに経済的・政治的あるいはイデオロギー的な個々の諸形象の物象化的な存立の機制が、具体的に示されてはいない、という批判がこれまた当然にも予想されうる。

これらは正しく本稿のもつ三重の限界である。しかし同時に、それらはまさしくみずからに課した限界そのものである。

生の実践自体においては、つかのまの対話が人間の歴史を包含し、瞬間が宇宙を包括するという構造に私は賭けたい。しかし理論というものは、まさしくこのような生の全一性からの、方法的な自己疎外として、総体性をめざす実践が必然的にとらざるをえない迂回の契機として存立する。なるほどこのような理論のもつ自己疎外化的な構造に即自的に内在するのが近代理性の地平ではあるが、今この地平をやみくもに否定するために、即自的実践の地平にたいして屹立する理論の次元をただちに解消してしまい、理論と「実践」のはらむ緊張をたんに無矛盾化し無構造化してしまうならば、実践は情況のめくるめく推転のうちにただちに足をすくわれてしまうであろう。また理論化的営為というものを、みじかい回路で「実践」と短絡させることをあせるならば、「理論」はたんなる実用的スローガンまたは空疎な文明論に解体し、真に総体的・根柢的な実践の根拠とはなりえぬであろう。

このことの確認のうえでふたたび本稿は、その三重の限界において定位されなければならない。前述の第三の限界については、本稿がその確定を主題としてきた、現代社会の存立機制の原理的構造の把握をふまえて、経済諸形態・組織諸形態・意識諸形態における、物象化＝物神化＝自己疎外の個別的な構造が順次解明されねばならない。その具体的な構想は、まさしく本稿の「結」として述定したところである。第二の限界については、上記の構想の全体を、現代社会の存立構造、法則構造、支配構造、実存構造、主体構造の理論化を含む、情況の総体的な把握の企ての、いわば「第一部門」として定位しなければならない。この五部構想の全体の粗描については、別著『人間解放の理論のために』（筑摩書房）の付記ノートを参照されたい。最後に第一の限界については、この五部構想の全体を含む〈情況の理論〉を、〈目的の理論〉〈実践の理論〉とともに包括する解放の総体的な理論の、実践的な構造の一契機として把握しなければならない。この全体の構想とそのなかにおける社会科学総体の定位については、前掲別著、とくにその序論において主題化したところである。

II

疎外と内化の基礎理論

――支配の論理と物象化の論理――

序　外化をとおしての内化
——労働の回路と交通の回路——

序　人間・自然・社会
——直接的な内存在から媒介された内存在へ——

〈個人・対・社会〉という図式が、歴史一般を超越する先験的な妥当性をもつものではなく、この図式の妥当する地平それじたいの存立が、ひとつの歴史内在的な過程をなすこととおなじに、〈人間・対・自然〉という図式も、けっして自然一般を超越する先験的な妥当性をもつものではなく、この図式の妥当する地平それじたいの存立が、ひとつの自然史内在的な過程に他ならない。

すなわち個としての人間たちがあらかじめ先在していて、彼らが何らかの契約によって社会を構成するのではないこととおなじに、自然に外在する「人間」があらかじめ先在していて、彼らが他在としての「自然」とかかわりをもつのではない。人間は本源的に〈社会・内・存在〉であり、そしてこのようなものとして、ふたたびまた本源的に〈自然・内・存在〉であるという仕方で、いわば二重に内存在である。

けれどもこの〈社会〉の胎内から、それぞれに固有の自己目的性を抱く主体としての諸個体が析出し、残余の〈社会〉を対象化する主体として屹立するときにはじめて、〈市民社会〉の歴史ははじまり、したがってまた、狭義の「経済学」の諸カテゴリーが存立する地平を形成することとおなじに、* 物質性の〈自然〉の胎内から、一個の不遜な自己目的性としての人間＝精神が析出し、残余の〈自然〉を対象化する主体として屹立するときにはじめて、人間としての人間の歴史ははじまり、したがってまた、広義の経済的諸カテゴリー〔生産・所有・等々〕は存立しうる。

* この「諸個体」は当初から諸個人であるとはかぎらず、家族、あるいはより拡大された単位共同態としても現実には存在すること、また歴史的には、各共同態が内的に集合態《ゲゼルシャフト》化するに先立って、共同態相互の間に、間・共同態的な集列性《ゲゼルシャフト》が存立するということについては、ここにくりかえすまでもない。

本源的に〈自然内存在〉としての人間は、その残余の自然との物質代謝において、〈労働をとおしての享受〉という、時間性の次元において媒介された構造を獲得することによって、外囲の自然を距離化し対象化する主体として、物質性の宇宙のただなかに屹立し、内・自然存在から対・自然存在へ、〔あるいは、直接的な自然内存在から媒介された自然内存在へ〕自己を形成する。

本源的に〈社会内存在〉としての諸個人は、その残余の社会との物質代謝において、〈譲渡をとおしての領有〉という、社会性の次元において媒介された構造を獲得することによって、外囲の社会を距離化し対象化する主体として、共同存在のただなかに自立し、内・社会存在から対・社会存在へ、〔あるいは、直接的な社会内存在から媒介された社会内存在へ〕自己を形成する。

〔補註〕このばあい方法として重要なことは、この媒介の形態こそが、現実にある諸関係をそれぞれの水準において種差的に特徴づける、本質規定をなすことである。人間が上衣を製造してそれを着ること、あるいはリンネルを製造してこれを上衣と交換し、手に入れた上衣を着ること、あるいはリンネルの製造業者の工場の中で働き、その得た賃金で上衣を購入してこれを着ること、これらはすべて、同一の本源的な実体にまで還元して了解することもできる。けれども現実の明晰に構造化された把握にとって重要なことは、このような実体への還元をふまえた上で〔それでなければことがらの概念は喪われてしまう〕それぞれの水準を特徴づける媒介の形態をこそあきらかにすることである。いいかえれば、本源的な実体をつねに潜勢的な主題として把持しつづけながら、その次第に重層化する媒介の諸形態をこそ、顕勢的な主題として追求し上向するという、立体化された問題意識＝方法意識をとおして、はじめて現実の重層化された存立の構造は獲得しうる。〈人間は一個の物質的な過程である〉という命題が、この内容を媒介する特定の形態性を一切捨象する内容主義によって、現実にはぎゃくにまったく無内容な形式的命題でしかありえないのは、現実の世界のうちに実存するわれわれの生のすべての意味はまさしく、この実体を媒介する形態のうちにこそあるからである。

一　〈外化をとおしての内化〉の二次元

――労働の回路と交通の回路――

人間と他の自然との物質代謝における、〈労働をとおしての享受〉という、時間性の次元における媒介の回路をここでは、〈労働の回路〉とよぼう。人間と他の人間との物質代謝における、〈譲渡をとおしての領有〉という、社会性の次元における媒介の回路をここでは、〈交通の回路〉とよぼう。

〈労働の回路〉と〈交通の回路〉はともに、〈外化をとおしての内化〉Aneignung durch Entäusserungという構造をもっている。

〈労働の回路〉において人間は、まず自己の内なる個有性《アイゲンシャフト》としての企図《アンラーゲ》を外部に対象化し、これをふたたび自己の身体的・精神的な個有性のうちに包摂してみずからを豊饒化する。〔外化＝対象化、をとおしての、内化＝享受〕

〈交通の回路〉において人間は、まず自己の個有するもの《アイゲントゥム》（所有）を外部に手放《エントオイセルン》し、これとひきかえに欲求の対象物をその所有《アイゲントゥム》（個有するもの）として領有《アナイグネン》する。〔外化＝譲渡、をとおしての、内化＝領有〕

〔補註〕Aneignungは、文脈によって、領有、取得、獲得、わがものとして獲得すること、同化、消化、等々と邦訳される。原義は、個有《アイゲン》のものとして内に包摂することである。ここではその貫通的な訳語として「内化」をえらびたい。本稿の補論「内化の概念とその諸類型」参照。

〈労働の回路〉の確立は、対・自然存在としての、すなわち媒介され、回路づけられた時間性の所有者としての、人間存在の生誕を告げる。〈交通の回路〉の確立は、この人間存在の歴史の内部で、対・社会存在としての、すなわち媒介され、回路づけられた社会性の所有者としての、〈個人〉の存在の生誕を、したがってまた、このような〈個人〉相互の、媒介された社会性そのものとしての、市民社会（ゲゼルシャフト）の生誕を告げる。

しかしこの記述はそれぞれの回路に関して、いっそう正確化されねばならない。

〈対象化をとおしての享受〉という労働の回路自体は、動物のうちにもすでに、その原初的な形態をみることができる。労働の回路がたんに、時間性の回路一般としてでなく、生産手段の生産という明確に形態化された〈手段性の回路〉として、その媒介された性格を確保するときにはじめて、それは固有に人間存在を定義する媒介の形態となる。

同様にまた、〈譲渡をとおしての領有〉という交通の回路自体は、共同態《ゲマインシャフト》的な連関のうちにもすでに、その原初的な形態をみることができる。交通の回路がたんに、社会性の回路一般としてでなく、相互に自立した他者（または他集団）との交換関係という、〈他者性の回路〉として、その媒介された性格を確定するときにはじめて、それは固有に集合態《ゲゼルシャフト》的な連関を定義する形態となる。

二　〈労働をとおしての享受〉
――手段性の回路と諸結果――

〈労働をとおしての享受〉という時間性の回路は、生産手段の生産という契機を内包することによって、つぎのような、二重に媒介された構造を抱くことになる。〔第一図。トリアーデ①＝Ⅱ、②＝Ⅰ、という奇妙な表記については後述〕

このことの帰結を追求してみよう。

第一に、この二重化された回路においては、生産手段の生産（Ⅰ）に費された労働時間は、消費手段の生産（Ⅱ）に費される労働時間にたいして、加算的にでなく乗算的に結合するから、総体的な労働の生産力は急激に増大する。のみならず、第一

第一図

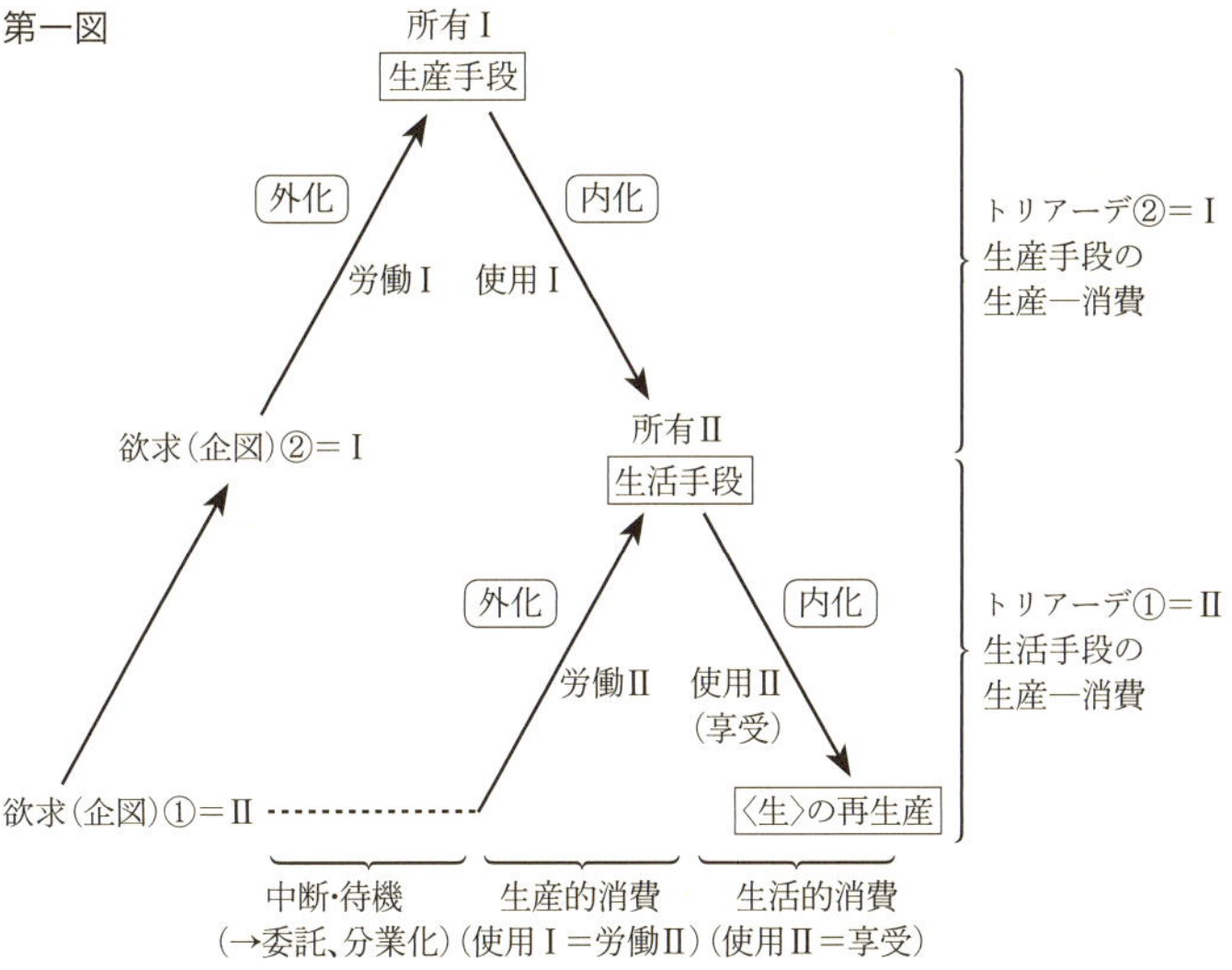

手段性の回路としての〈労働をとおしての享受〉

次的に獲得された生産手段を用いて、さらに高度の性能をもつ第二次的な生産手段を生産する等々の累積によって、回路を無限に高次化することをとおして、生産力の加速度的な発展への道がひらかれる。

このことはいうまでもなく、人間の文化を高度化し、多様化し、豊饒化すると同時に、〔社会的な総体としてみれば〕、直接的な生存の必要性から解放された時間をもたらす。この解放された時間は、ふたたび生産手段の高度化や、文化の多様化、豊饒化を促進することによって、発展を加速度化する。

しかし同時にこのような、剰余生産物の蓄積は、その収奪の関係としての、階級形成の基盤を用意する。

第二にこの回路においては、主体の本源的な欲求の、〔労働を媒介とする〕享受という、本来的に第①次的な回路が、ぎゃくに第Ⅱ次的なもの、規定されるもの、被前提的なものとして現われ、生産手段の生産という派生的、第②次的な回路が、ぎゃくに第Ⅰ次的なもの、規定するもの、前提的なものとして現われる。

本源的なトリアーデ①における労働過程において、生産手段（道具―機械―巨大装置）は、過去労働、死せる労働、すでに対象化された労働として、現在労働、生ける労働、対象化しつつある労働に対峙する。これを媒介とすることによって、すでにみたように人間の労働力能は数乗化される。この数乗化される人間労働において、決定的な要因は、生ける労働自体から、次第に死せる労働に、対象化された労働に（すなわち生産手段に）移る。〔技術による技能の駆逐。機械化の進展による労働の単純化、抽象化、代替可能化〕。媒介としての生産手段によって、労働がぎゃくに配備され、編成され、陶冶され、淘汰される。過去の労働の結晶物が、生ける労働を指定する。少なくともこのような転倒のための可能性を、〈手段性の回路〉は用意する。

第三に、〈手段性の回路〉における労働の種類の分化（消費手段の生産と生産手段の生産、さらにその分化）は、異質の労働のそれぞれの分担というかたちで、分業を促進する。図における点線の迂回部分を省略しようとする各人の欲求は、すでに他人の労働の結果として存在している手段への関心をとおして、共同態内においても、この部門の委託＝専業化をさらに促すだろう〔「村の鍛冶屋」！〕

このことは、性、年齢等の自然条件のみを反映する原初的な分業の他に、いわば社会内生的に構造された分業、社会的再生産の過程それ自体に基盤をおく分業を導入することになる。このことはすべての分業と同様に、一方では個性化された個性の形成を促すとともに、他方「職業」の分化と固定化をとおして、社会の階級的な分裂へのひとつの基盤を用意する。〔異質の労働部門のそれぞれに専従する者のあいだに、直接的に階級関係が形成されるという単純なかたちではなく、このように分割された労働の各部門への諸個人の従属ということが、この分割を再統合する主体をこれらの労働する諸個人の外に、人格的にか物象的にか、析出する基盤のひとつを用意する、ということである。」

第四に、労働する主体自体にとっての労働の意味という点から考えてみると、このような回路化によって、労働主体は、自然との物質代謝としての労働過程そのものにおいてうけとる直接的な自然との交感のよろこびと共に、未来の労働生産物とその享受との表象によって、媒介された意味の感覚をも同時に受取る。労働とは本源的には、生活を生産する生活（マルクス）として、その意味を自乗化され豊饒化された生活の過程に他ならない。〔時間性の回路としての労働過程の展開は、人間存在の他の次元における規定的表現としての、想像力の解放と相即している。それは存在のただなかに非在を、あらぬもの（無）を現出する実践的＝精神的な主体性である。〕直接《コンサマトリー》＝享受的な意味の次元と媒介《インストゥルメンタル》＝手段的な意味の次元との、生のこのような二重化は、時間性の回路一般においてすでに原型を成立するが（未来の現在化による現在の二重化として）、手段性の回路においていっそう明確に分離され、かつ多重化、累乗化される。〔直接的な労働過程における交感、その直接的な成果たる用具の表象、その用具を媒介して獲得しうる対象への期待、等々。〕

しかし同時にこのことは、われわれの現在の生の、規定的、主導的な意味の根拠を、現在の生そのものの外部に、手段性の連鎖のかなたにおくことである。本源的な意味のこのような遠隔化、疎遠化によって、それ自体生の過程であるはずの労働過程の、直接=享受《コンサマトリー》的な交感そのものは、次第に副次的なもの、どうでもよいものとして疎外される。〈生活を生産する生活〉がぎゃくに〈生活を生産する非生活〉に、〈生を生産する死〉に転回する。〔生の手段化。未来による現在の抑圧、としての勤労=産業《インダストリー》の構造。自己抑圧。「合理化」Rationalisierung の逆説。〕

しかもこの現在の生の外化された意味の回収は、ア・プリオリには保証されていない。人間たちが〈一粒の麦〉のごとくに、未来に向けてなにがしかを埋葬する現在の行動の意味は、不可測の〈洪水〉によって押し流されるかもしれない。労働の迂回する意味の回路は、人間たちがまさしくそのことによってみずからをその対立者として措定し、外在化した〈自然〉の手中に握られている。〔自己自身の内的な自然としての肉体の死をも含めて〕。人間たちの実践はいまや、古代の人びとが最も畏れたあの〈時間《クロノス》〉とのはてしない闘いとなる。

人間と対象的な自然とのあいだを媒介する用具の発展は、発展のある段階までは、対象的な自然のうちに潜勢する固有性をいっそう賦活し開示することをとおして、労働の過程における交感を豊饒化するが、媒介の支配力の高度化はやがて、対象的な自然をたんに受動的な素材たらしめ、その固有性を解体し加工しつくすことをとおして、次第に労働の過程における直接=享受《コンサマトリー》的な交感の次元を疎外する。〔農業と工業、道具と機械と巨大装置、等々〕。このことはこの回路から、〈自乗化された享受〉としての性格を奪い、現在的な生の犠牲化に拍車をかける、手段性の回路一般はやがて、疎外への過程的契機をはらむ〈費用性《コスト》の回路〉として定在する。第五にこのような費用化された生の時間、それ自体のうちに固有の意味をもたない生の時間としての労働は、それによって獲得されたもの（所有）、あるいは獲得されるべきもの（期待的所有）への執着を切実ならしめる。

労働がそれ自体として交感の享受でない時、このような労働の対象化としての生産物は、たんに欲求の対象であるのみならず、充足されなかった時間の代償、喪われた生の時間の代償でもある。このことは一方で消極的には、この「汗の結晶」としての勤労の成果にたいする、私的＝排他的な執着を切実ならしめ、他方でより積極的には、〈労働なき享受〉としての、収奪的領有への意志を培う。防衛的な私的所有への執着と、収奪的な私的領有への意志とは、もちろんたんに状況的な要因（力関係、等々）によって分岐する相対的かつ連続的なものであり、相互に他を触発し増幅し合う。

三　〈譲渡をとおしての領有〉
――他者性の回路と諸結果――

〈人間・対・自然〉の範式を存立せしめる第一次の媒介化（手段性の回路）の確立から、〈個人・対・社会〉の範式を存立せしめる第二次の媒介化（他者性の回路）の確立までには、ながい歴史が介在している。そこには人間が、すでに対自然存在でありながら、いまだに内社会存在であるような、すなわち、自然内存在としてのあり方はすでに媒介的でありながら、社会内存在としてのあり方はいまだ直接的であるような、本源的所有の諸時代が介在している。*

* 個体的所有の発生以前の、原初的な共同性としての〈本源的な所有〉と、資本制的な所有への過渡期として、共同的所有の胎内に個体的所有が萌芽し、解体的に拮抗しつつある諸形態としての、資本制生産に〈先行する前進的な諸形態〉（古典古代的、ゲルマン的、等）とをここでは区別する。

これらの共同態においても、共同労働の分担としての分業は存在するから、それぞれの生産物を手放し、他の諸個人の生産物を得るというかぎりにおいて、〈社会性の回路〉一般は存立している。しかし交通の回路ということが、〈譲渡をとおしての領有〉として明確に形態化するのは、各個人が直接に共同態のためにではなく、私的な目的のためにおこなう私的な労働の成果を、私的な所有としてまず第一次的に所有し、次いでこの私的な所有を、他の私的な所有者と交換することをとおして。自己の欲求の対象物を第二次的に所有するという、〈私的所有の関係〉においてである。

そこでは人間の〈労働をとおしての享受〉という労働の回路が、〈譲渡をとおしての領有〉という交通の回路を内包することによって、媒介はつぎのように二重化される。

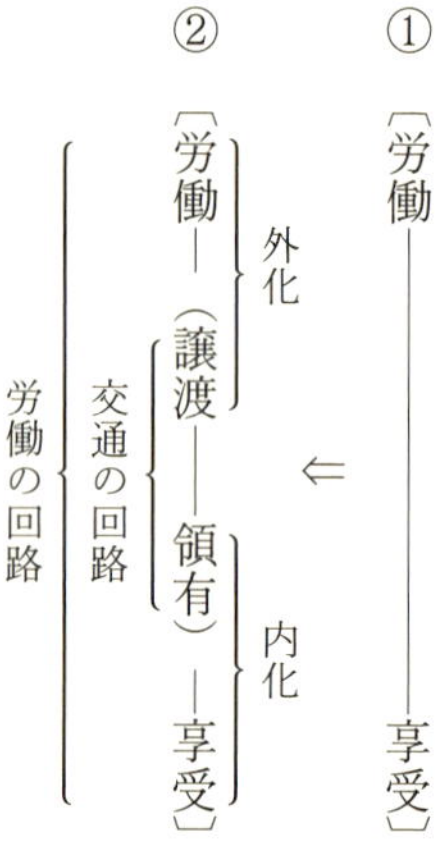

この二重化された回路をもう少し展開すれば、〈労働—享受〉という大トリアーデが、〈譲渡—領有〉という小トリアーデを包摂する関係として、つぎのように図示しうる。〔第二図〕

つぎにこのことの帰結を追求してみよう。

第一に、ここで諸個人は、交換を媒介として、直接的な協業的分業の関係にある彼の共同態の範囲をこえて、見知らぬ他者たちの労働の生産物をもわがものとすることができる。諸個人の生活内容は、局地的共同態の制約をこえて多様化し、豊富化しうる。同時にこのことは諸個人のうちに、新しい多様化された欲求を形成し、共同態的な人間の自足性を解体し、幸福のますます圧倒的な部分を、この他者たちの労働の生産物に依存せしめる。

第二に、この二重化された回路においては、諸主体の労働の成果としての第一次的な所有と、諸主体の欲求の対象としての第二次的な所有とが分裂する。ここでは前者を〈始原的所有〉、後者を〈終極的所有〉とよぼう。たとえばリンネルの織工が彼の製造したリンネルと交換に上衣を手に入れて着用するという回路において、リンネルは彼の〈始原的所有〉であり、上衣は彼の〈終極的所有〉である。

この二つの所有のあいだを、交換過程が、（積分的には流通過程が）媒介する。したがって、〈労働をとおしての享受〉という第一次的な回路は、〈譲渡をとおしての領有〉という他者性の回路を包摂することによって、労働過程、交通過程、享受過程、あるいは、生産過程、流通過程、消費過程という風に、相互に切断された諸カテゴリ

第二図

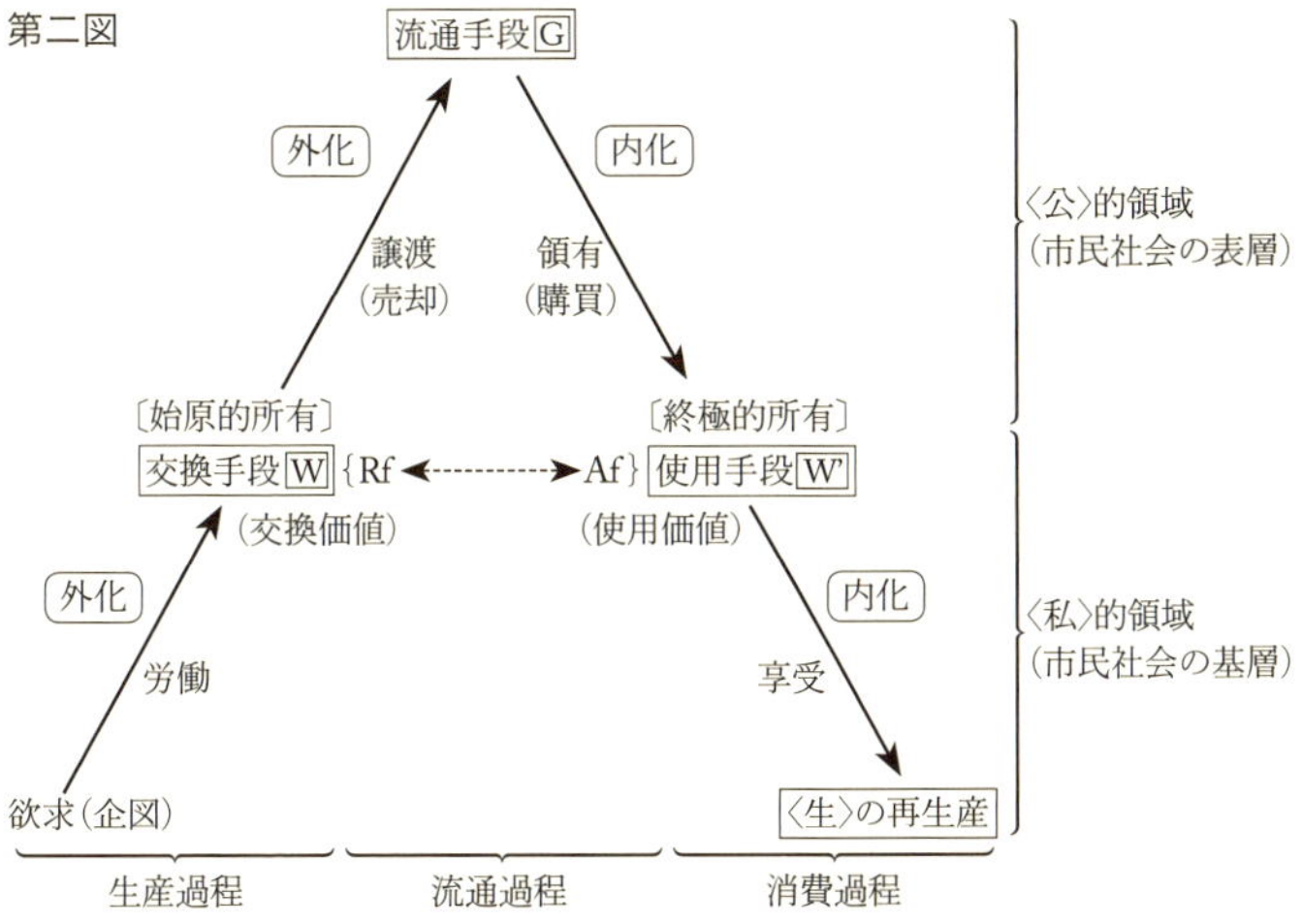

注：Rf：相対的価値形態、Af：等価形態

他者性の回路としての〈譲渡をとおしての領有〉

ーに分裂する。それぞれの過程はやがて、それぞれの「部門」として社会的に自立化し、形態化する。

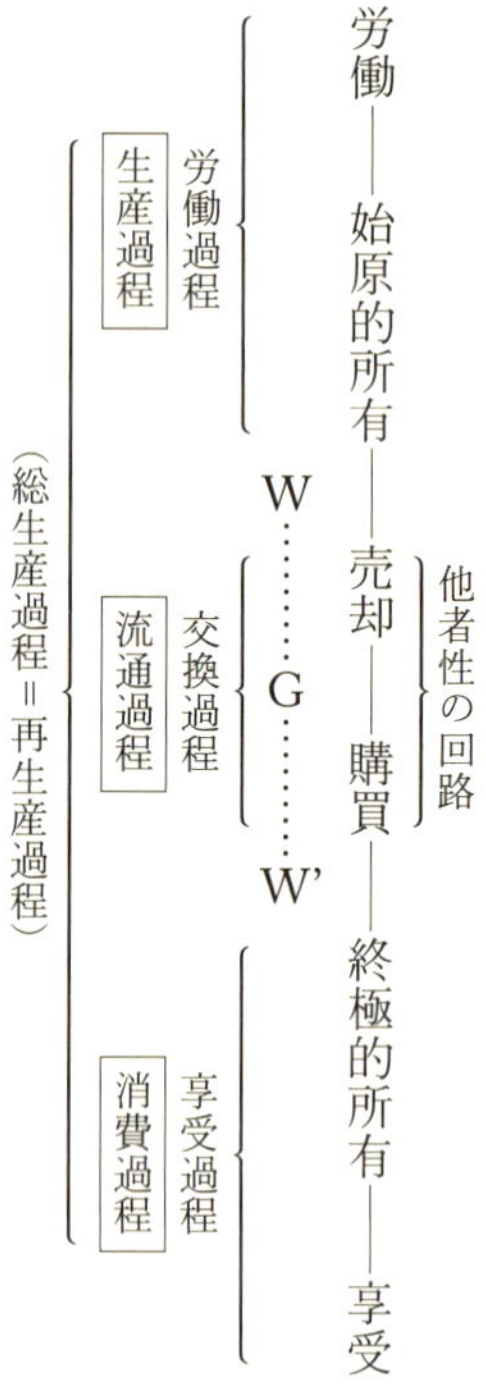

第三にこのように、〈労働—欲求〉の透明な対応関係が分裂し、労働の回路の総体性が、自立した諸過程に引裂かれて定在するということは、労働し欲求する諸個人にとって、彼ら自身の社会的な関係性の総体を疎遠なものとする。

労働し欲求する諸個人が、固有の意味での他者と出会うのは、流通過程においてのみである。〔生産過程および消費過程における労働および享受を、むろん諸個人は、単独で行うとは限らない。しかしこの、直接的労働過程および直接的消費過程を共にする限りにおける「他者」たちは、集列《ゲゼルシャフト》的関係の他項としての、固有の意味での他者性ではない。〕

すなわちこの流通過程こそが、諸個人の集列的な関連そのものとしての「市民社会」の、直接的な定在であり、経済形態の次元における唯一の公的な領域である。ところがこの、市民社会の唯一の表層的な部面においては、諸個人はもはや、直接に労働する主体としても、直接に欲求する主体としても立ち現れない。直接に労働する主体としては、諸個人は私的な生産者として、市民社会の表層から疎外された私的な生産過程を担う。直接に欲求する主体としては、諸個人は私的な消費者として、市民社会の表層から疎外された私的な消費過程を享受する。労働する主体としての各人と、欲求する主体としての各人は、相互に引裂かれ、同時に社会的連関から隔離されている。

市民社会の経済関係の唯一の表層としての流通過程においては、諸個人はその、直接に人間的な欲求からも労働からも抽象化された経済人《ホモ・エコノミクス》として、抽象的な商品（貨幣）所持者として立現われる。この「公的」な部面からみれば、この部面自体の存立を現実において支える人間たちの労働過程、およびその享受過程は、内部をうかがい知ることのできない暗箱《ブラックボックス》として存在する。〔No admittance except on business ——『資本論』第一巻第一、二篇から第三篇への移行規定！〕

逆に実存する人間たちの側からみれば、すなわち欲求し労働する諸個人の側からみれば、彼ら自身の類的な関係性の直接的な定在としてのこの流通過程は、彼ら自身から疎遠な対象性として、客観性として現われ、ひるがえって彼ら自身の生は、この対象性によって規定されざるをえない、

ひとつの偶然性として自己意識される。〔偶然性としての「実存！」〕

他者性の回路はこのように、共同的な〈労働—享受〉の回路を、生産・流通・消費といった、それぞれの経済部面へと分立し形態化することをとおして、現実的な諸個人とその類的な関係性とを、一方では私的な主観性として、他方では公的な客観性として、相互に他を疎外する形態で存立せしめる。

第四に、労働する主体自身にとっての労働の意味という点から考えてみると、まず社会性の回路一般において、労働主体は、直接的な労働過程における自己享受とともに、他の個体による自己の労働の成果の享受を共感することをとおして、またこのような、自己の労働の成果を媒介とする他の個体との関係性のひろがりや深化を享受することをとおして、媒介された意味の感覚をも同時に受取る。交通の回路はこのように本源的には、労働の意味を自乗化し、豊饒化する。けれどもそれが、疎遠な他者たちとの交換の関係としての、市場性の回路として定在するかぎり、自己の労働の成果を享受する他者は、流通過程の不透明性のかなたに抽象として存在する不可視の他者たち、顔のない男たち、女たちであり、彼らによる自己の労働の成果の享受を、私が共に享受することもなければ、彼らとの関係性の客観的なひろがりにおいて、私の生が豊饒化することもない。

しかもこの他者性の回路において、私の労働の意味の終極的な実現は、この媒介する回路に依存する。〔W―G―W'ということが商品の「変態」として、（すなわち主体の同一性において）把握されるのは、それがこのように回路づけられた領有として、W'としてはじめて自己を実現するWの運動の同一性として、概念される限りにおいてである。〕

〈始原的所有〉のこのような未完結性＝完結の流通過程への依存性は、流通過程の要請する生産物の性格規定（交換価値）を、遡って生産過程の規定的な目的性とする。すなわち、欲求し労働する諸個人の、媒介する交換過程への従属ということは、本源的な労働過程自体に遡行して浸透し、この労働の規定的性格そのものを変質してしまう。労働の規定的目的性は、本源的な諸欲求への対応としての価値（「使用価値」）でなく、物神化された（＝対象化的に主体化された）この交換過程の要請に対応する媒介された価値（交換価値）となる。

しかもこの交換価値としての諸商品の実現は、ア・プリオリには保証されていない。諸個人が市場にたずさえる商品の価値は、他者たちの需要の不在によって、他者たちの生産の過剰によって、彼の手の中で溶け去ってしまうかもしれない。けだし商品の所持者が現実に市場で出会う他者たちは、この商品に一定の労働が投入されておりさえすれば、それに応じてこの商品は一定の価値を結晶しているといった、投下労働価値説の信奉者ではないからである。

〈譲渡をとおしての領有〉は、このように他者性の回路を迂回してはじめて自己を完結するが、この回路は〈社会〉の手中に――すでに諸個人に外在する対立者としての〈社会〉の手中に握られる。このことは〔この媒介の総体性を、人間たちがふたたび類としてみずからのうちに内化することのないかぎり〕、この媒介の対象化的な主体化〔＝物神化〕と、本源的な諸主体の客体化という転倒を不可避のものとする。他者性の回路はこのように、労働する主体にとっての労働の意味を疎外する。

第五に、労働の意味のこのような抽象化、労働がその本源的な意味〔＝個的な諸人格の人格的な諸欲求への対応〕を喪失することは、自己労働なき領有としての収奪への動因の一つを形成すると同時に、他方労働の一定種類への無関心として、労働力そのものの商品化への主体的な前提をも用意する。このことはやがて労働する主体における、〈外化をとおしての内化〉の回路を、内化として回収されざる外化に、すなわち自己疎外の過程に、転回する基盤を用意する。

結　内在的超越としての人間
——自己獲得と自己疎外——

自然内存在としての人間は、その残余の自然との物質代謝を、〈労働をとおしての享受〉という回路として媒介化することによって、直接的な自然的諸条件へのまったき隷属から解放される。この時いらい人間は、自己自身の現実的な存立の前提であるその自然的な素材を、労働を媒介として獲得する。この第一次の主体化において人間は、自己の目的意識的な活動のもとに、外囲の自然を従属せしめ、加工し、変革し、支配する主体としてたちあらわれる。ここにはじめて人間は、「物質性の囚人」としての、単純な自然・内・存在ではなく、物質性の宇宙のさなかの内在的超越者として、自己の精神を獲得する。これはひとつの解放である。

しかし同時にこの解放は、人間にとって自然を、よそよそしく疎遠な対象性として措定すること、この自然との交流としての生の直接＝享受《コンサマトリー》的な意味を、時間のかなたに、手段性の連鎖のかなたに遠隔化することを帰結する。しかもこの未来に向けて預託された生活の意味の回収は、ア・プリオリには保証されていない。この回路は〈時間《クロノス》〉の相貌のもとにあらわれる対象的世界の手中に、人間たちがみずから疎遠な対象性として措定した「自然」の手中に、握られている。人間たちはいまや、その自然性の母胎から、「二重の意味で自由な」主体として現われる。けれどもこの「自由」の消極的な契機は、人間たちを、ふたたび自然性によるはるかな被規定性のもとにおく。〔この自然性による媒介された被規定性こそは、広義の経済学的な諸カテゴリーの存立する地平を用意する〕

〈内・自然存在〉から〈対・自然存在〉へ、人間たちのこのあらたな自己獲得の地平は、それが諸個人の自然性からの解離を帰結するかぎりにおいて、この労働の過程自体から直接＝享受《コンサマトリー》的な意味を疎外し、これを原初的な自己抑圧の過程として措定すると同時に、しかもこの間接化された意味の回路をみずからの他在のうちに、——自己自身にとってよそよそしい対立者の手中に疎外する構造をもつという意味で、同時に固有の自己疎外への転回を胚胎する地平でもある。

社会内存在としての諸個人は、その残余の社会との物質代謝を、〈譲渡をとおしての領有〉という回路として媒介化することによって、直接的な共同体へのまったき内没から解放される。この時いらい諸個人は、自己自身の現実的な生活の前提をなす、社会的分業の諸生産物を、交換を媒介として獲得する。この第二次の主体化において諸個人は、自己自身の内存在する共同存在《ゲマインヴェーゼン》を一個の対象として距離化し、観察し、操作し、変革する主体としてたちあらわれる。ここにはじめて諸個人は、「社会性の囚人」としての単純な社会内存在ではなく、歴史の内在的超越者として自立する。これはひとつの解放である。

しかし同時にこの解放は、諸個人にとって「社会」を、よそよそしく疎遠な対象性として措定すること、他者たちとの交流としての生の直接=享受《コンサマトリー》的な意味を、交換の関係において支配する功利の感覚の被膜の底に従属せしめることを帰結する。この関係は、本源的に共同労働の一環である諸個人の労働そのものの意味に浸透して変質せしめる。それは一方では私的な自己目的性として、しかも他方では、社会的な交換=流通の場において他者労働への支配力をもたねばならないものとして要請される。この二重の要請の表現としての交換価値。しかもこの交換価値を規定的な目的性とする労働の意味の実現は、ア・プリオリには保証されていない。この回路は市場性の相貌のもとにあらわれる客観的な諸連関のうちに、諸個人がまさしく疎遠な対象性として措定する「社会」の手中に、握られている。諸個人はいまや、その共同性の母胎から、「二重の意味で自由な」主体として現われる。けれどもこの「自由」の消極的な契機は、諸個人をふたたび社会性によるはるかな被規定性のもとにおく。〔この社会性による媒介された被規定性こそは、狭義の経済学的な諸カテゴリーの存立する地平を用意する。〕

〈内・社会存在〉から〈対・社会存在〉へ、人間たちのこのあらたな自己獲得の地平は、それが諸個人の共同性からの解離を帰結するかぎりにおいて、この交通の過程自体から直接=享受《コンサマトリー》的な意味を疎外し、これを潜勢する相互収奪の関係として措定すると同時に、しかもこの間接化された意味の回路をみずからの他在のうちに、自己自身にとってよそよそしい対立者の手中に疎外する構造をもつという意味で、同時に固有の自己疎外への転回を胚胎する地平でもある。

補　〈内化〉の概念とその諸類型
――領有・獲得・同化・個有化――

Aneignung の概念は、周知のようにマルクスの思想展開において、その「初期」から「後期」をつらぬく、基軸的な概念である。

わが国ではそれは、『資本論』では主として「取得」（長谷部訳、岡崎訳）、あるいは「領有」（向坂訳）、『要綱』（高木訳）では「領有」、『経哲草稿』（城塚・田中訳、藤野訳）では「獲得」、「わがものとする獲得」等と訳されている。それぞれの文献の主題の水準に応じて、“Aneignung”の指示する内容も水準を異にするから、これらの訳語は、それぞれに正当な根拠のあるものといいうる。

まず『草稿』におけるマルクスは、人間の存在論的な規定とその疎外形態、およびその止揚としての人間的未来の構想までをつらぬく基軸的な範疇としてAneignungを、つぎのように明確に規定している。

「私的所有の積極的な止揚、すなわち、人間的な本質と生命、対象的な人間、人間的な制作物（Werke）を、人間のために人間によって感性的に自分のものとする獲得（Aneignung）は、たんに直接的な一面的な享受という意味でだけとらえられてはならない。たんに占有する（Besitzen）という意味、所有する（Haben）という意味だけでとらえられてはならない。……世界にたいする人間的諸関係のどれもみな、すなわち、見る、聞く、嗅ぐ、味わう、感ずる、思惟する、直観する、感じとる、意欲する、活動する、愛すること、要するに人間の個体性のすべての諸器官は、その形態の上で直接に共同態的諸器官として存在する諸器官と同様に、それらの対象的な関係行為（Verhalten）において、あるいは対象にたいするそれらの関係行為において、対象〔をわがものとする《アナイグヌング》〕獲得なのである。人間的現実性の獲得《アナイグヌング》、対象にたいするそれらの諸器官の関係行為は、人間的現実性の確証行為である。すなわち、人間的な活動であり、人間的な受難=苦悩《パシオン》（Leiden）である。けだし受難=苦悩《パシオン》とは、人間的に把握されれば、人間の一つの自己享受だからである。*」

* *MEGA.* Bd. III. S. 118. 城塚・田中訳、一三六ページ。

そしてこのような、最も基底的な水準におけるAneignung《アナイグヌング》の把握に立脚して、狭義の経済学的な意味での所有、ないしは「取得」は、人間の人間的な自己獲得の、歴史的に一面化された形態、疎外形態として把握される。

「私的所有はわれわれをひどく鈍感《ドゥム》にし、一面的にしてしまったので、われわれが対象を所有する（haben）ときにはじめて、したがって〔対象が〕資本としてわれわれに対して実存するか、あるいはわれわれによって直接に占有され、食べられ、飲まれ、われわれの身につけられ、われわれによって住まわれる等々、要するに使用される（gebraucht）ときにはじめて、対象はわれわれのものである、というようになっている。……だからすべての肉体的・精神的感覚（Sinn）にかわって、そうしたすべての感覚の単純な疎外としての、所有の感覚が現われてきた。*」

* do. 前掲訳、一三六―七ページ。

これにたいして『資本論』では、このようにAneignungの意味を疎外する私的所有の世界というものが、すでに前提され、そこにいったん内在して論理が進められているから、さしあたり

「取得」といった平板な訳語があてられることも、必ずしも失当とはいえないであろう。

しかしここでもその決定的な個所においては、この概念を、潜勢的には人間学的な意味の地層における「獲得」を含意しながら、現実にはこれを疎外するものとして存立するという重層化された規定性において、すなわちいわば、縦深的に媒介された概念として把握するときにはじめて、『資本論』総体の論理の骨格が透明にみえてくるという構造をもっている。〔「商品生産の所有法則の資本家的領有《アナイグヌング》法則への転回」等。〕

そしてその「初期」の問題意識を『資本論』体系へと媒介する結節点としての、『経済学批判要綱』においては、Aneignung の概念は、その豊饒な個別諸主題の繁茂をつらぬいてみえかくれする、まさに全篇の動機的主題をなしている。〔「譲渡、および売却をとおしての領有」Aneignung durch Ent-und Veräusserung、およびその領有法則の「転回」Umschlag des Aneignungsgesetzes (-recht)〕

詳細な論証はすでに、平田清明、山田鋭夫、望月清司氏らによってあますところなく展開されているので*再論を要しないけれども、「譲渡《エントオイセルング》をとおしての領有《アナイグヌング》は、生産の社会《ゲゼルシャフト》的体制の基本形態である**」「商品流通の条件は、商品が交換価値として生産される、直接的な使用価値としてではなく、交換価値によって媒介された使用価値として生産されることである。譲渡と売却を通じての、またそれを媒介としての領有が根本前提である。***」という把握にみられるように、実質、的にも、この概念は、市民社会の経済形態の把握の根幹をなしている。

* 平田清明『経済学と歴史認識』（岩波書店）。山田鋭夫「マルクスにおける領有法則転回の論理」（『思想』七一年六月号）、望月清司『マルクス歴史理論の研究』（岩波書店）。

** *Grundrisse der Kritik der Politische Ökonomie*, Dietz (1953), S. 763. 高木幸二郎訳、第Ⅳ分冊、八五三ページ。（以下同書は単に「Gr. S. 763. Ⅳ、八五三ページ」というふうに略記。但し訳文は必ずしも同訳書に依らない。）

*** do. S. 111. Ⅰ、一一六ページ。

同時にここではこの概念が、すでにパリ草稿の時代と異なり、いわば経済学的に特殊化された形態について、すなわちゲゼルシャフト的な連関のうちにある諸個人による、生産物領有の過程をさしあたりは表象して用いられていることがわかる。

しかしこの、経済学にとってはなじみの深い意味だけに限定してAneignungをとらえていると、しばしば概念の不当な拡張であるかにみえる記述に出会う。

まず『要綱』の冒頭においてマルクスは、「生産とはすべて、ある一定の社会形態の内部で、またその媒介によって、個人のがわからする自然の領有である。*」と規定する。ここでは領有が、流通過程の総括としてのみでなく、生産過程の総括としてとらえられる。

* Gr. S. 9. Ⅰ、九ページ。

そしてたとえば「思考された全体として頭脳のなかにあらわれる全体は、頭脳に可能な唯一の仕方で、つまり芸術や宗教の、実践的・精神的に世界をわがものとする《アナイグネン》しかたとはことなる仕方で、世界をわがものとする《ジッヒ・アナイグネン》ところの、思考する頭脳の産物である。*」といった個所では、あきらかにパリ草稿当時における、人間学的な地平におけるAneignungの概念が把持されている。**

* Gr. S. 22. I、一二三ページ。

** カレル・コシーク、花崎皋平訳『具体性の弁証法』（せりか書房）、花崎皋平『マルクスにおける科学と哲学』（社会思想社）参照。なお前記引用個所の訳文は花崎氏による。同書一四四、一五一―二ページ参照。

ひるがえってまた、〈譲渡をとおしての領有〉云々という時の領有《アナイグヌング》も、さしあたりはたしかに通常の経済学でいう、取得・領有を指示するものであるにせよ、それはこの経済的地平の事実を、人間学的な地層にまで縦深する意味の重層性において把握する概念であったのではないか。

“Aneignung”ということばは、通常の「取得」とか「領有」という意味のほかに、生命体が食物などを消化し、同化する作用を示すのに用いられる。このニュアンスをもふまえながら、マルクスはたとえば資本が労働をaneignenする、という言い方をするが、このときそれは、たんに資本が、労働（力）を購買し取得する、あるいは領有し支配するということを意味するのではなく、資本が労働をその胎内にとりいれて、その身体の一部とする、有機的構成の一契機とすることによって、みずからを活性化し醱酵せしめる、というイメージを含んでいる。*

＊ Gr. S. 208.（II 二二〇―一）、S. 183 (n)（II 一九三）等参照。なおこの点に関しても、花崎、前掲書二一九―二二二ページの考察が示唆的である。

この有機体による摂取＝同化のイメージは、Aneignung の概念の了解の好便なよすがとなしうる。

Aneignung とは、eigen（個有）のものとすること、自己に個有のものとしてとりいれることに他ならず、その意味でこの概念の、さまざまな意味の地層を包括する原義として、「個有化」という訳語を充当することもできる。しかしここではむしろ端的に、「内化」ということばをえらびたい。〔すでにみたようにAneignung は、Entäusserung, Veräusserung（譲渡、売却→外化）との対応においてとらえられるとき、経済形態の存立構造を把握する基軸概念となる。この点の便宜の上からも「内化」ということばが安定的である。〕

内化（Aneignung）とは、ある主体が、ある対象を、自己の内的な契機として包摂すること、そのことによって自己の存在を豊饒化することである。

〔内化の諸類型〕

内化をこのように規定するとき、しかしここでの主体、対象、包摂といったことがらが、実体化して把握されてはならない。有機的生命による食物の摂取＝同化のイメージは、内化の概念の了解のようすがとしてひとまずは好便であったけれども、内化のこのような単純に生命的な類型にイメージを局限するかぎり、それは内化の個有に人間的な諸類型を排除するかたちで凝縮してしまう。

『存在と無』においてサルトルは、人間における領有（内化）のいくつかの事例をとりあげて詳細に分析している。認識による世界の領有。愛撫による女体の領有。滑走による雪原の領有。登山による景観の領有。（第四部第二章Ⅱ*）。

* Aneignung に対応する仏語 appropriation は、サルトルやアンリ・ルフェーブルの邦訳者によって通常「我有化」と訳されている。経済学的な地平におけるモノの領有というイメージの拘束を懼れ、人間学的な地平の意味を鮮明にするための苦心の訳と思われるけれども。

これらの諸事例に即してのサルトルの「持つ《アヴォワール》」こと、所有、領有《アプロプリアシオン》＝内化についての、存在論的な地平における考察は、所有・領有・内化の概念を、その実体化的な凝固から解放するようすがとなしうる。

〔補註〕なおこれらの諸事例との関連において、H・ルフェーブルのつぎのような把握を参照。「肝腎なことは、私が山の小さな一かけらの土の持主となることでなく、山が私にたいして解放される——登山やウィンター・スポーツ——ことである。空と海、『私的』所有という観念がほとんど全く意味をなさず、しかもそれが『自由な』個人にたいして訴えかけるもの、魅きつける力の、はるかに広く大きい領域である空と海に関しても、これは同様である。こうして、そしてこうしてはじめて、世界は私の、人間としての私にとっての所有となる。*」

*『日常生活批判序説』田中仁彦訳、一〇二ページ。

この把握はわれわれの「所有」観念を、「私的」な所有のかなたの人間的所有に向って解き放つと同時に、まさにそのことによってひるがえって、「私的所有」という所有のこの歴史的な形態の、種差的な本質を了解せしめる。

このことはまた、すでに引用した『要綱』の「この世界を芸術的に、宗教的に、実践的＝精神的に内化する」云々あるいは、「抽象的なものから具体的なものに上向する方法は、具体的なものを内化するための、思惟にとっての様式にすぎない」*というとらえ方、そしてパリ草稿における「見る、聞く、味わう、感ずる」云々としての内化の把握とも照応する。

* Gr. S. 22. I、二三ページ。

これらの内化の様式において対象は、いわば外延的実体性として存在する「主体」の内部に、解体され消化吸収されてしまうわけではないし、また同一の対象が、排他的に一つの主体に私有されるわけでもない。主体はこれらのさまざまな様式における内化をとおして、その生を豊饒化する。けれどもたとえば、認識において世界は、滑走において雪原は、解体して消滅するわけではないし、他の主体による同様な内化を排除するわけではない。雪原は私のものとなり、同時に彼のものとなる。世界は私のものとなり、同時に彼等のものとなる。

このことは内化のうちに、実践的に重要ないくつかの類型を区別すべきことを示唆する。

まず対象を内化する主体相互の関係という視点からみると、排他的な内化と非排他的な内化。排他的な内化のうちには、食物の摂取のばあいのように、ことがらの本性上そうでしかありえないものと、芸術の鑑賞のように、私的な所有の関係のうちではじめて排他的となるものとがある。

排他的な内化の諸次元それ自体においては、主体相互はア・プリオリに相剋性の関係にたつが、非排他的な内化の諸次元においては、主体相互は相乗的な関係にたつこともありうる。「自然は芸術を模倣する」という警句の真理は、ある主体による自然の芸術的な内化が、他の諸主体の自然にたいする感受性を触発し洗練する表現をもつことをとおして、これらの主体による自然のあらたな芸術的な内化を促がし、それらの生を豊饒化するからである。

つぎに内化を、内化する主体とその対象との関係という視点からみると、対象を解体してしまう内化と、ぎゃくに対象を賦活する内化。〈殺す内化〉と〈活かす内化〉。この次元における区別は、個体的なものと要素的なもの（das Individualisierte vs. das Elementarische）という対概念を用いて、より明確化することができる。

「個体化されたものの要素的なものへのたえざる解体は、要素的なもののたえざる個体化とともに、自然過程の一契機である」といった表現が、『要綱』の中にみられる。* 「個体化されたものの要素的なものへの解体」とは、平田清明氏も指摘するように**生命有機体の無機体への解体すなわち死であり、「要素的なものの個体化」とはぎゃくに、あらたな個体的生命の発生、すなわち生である。

＊　Gr. S. 116. I、一二一ページ。
＊＊　平田清明、前掲書、二五四―五ページ。

ナチのグライヒシャルトゥングとは、個体的なものとして存在する一切の結社を解体して、諸個人を自己の機構的編成の一環として要素化することに他ならなかった。しかし内化ということがつねに、このように対象の個体性を解体しておこなわれるとは限らない。われわれがすでにみてきた、人間の人間的な諸器官による世界のさまざまな様式における内化は、対象をまさにその個体性において受容し、異質なものとその異質性において出会うということをとおして、自己を豊饒化する内化の様式の存在を示す。

解体する内化のうちには食物の摂取のように、ことがらの本性上そうでしかありえないものと、集団が個人をうけいれ、大集団が小集団をうけいれるばあいのように、対象の個有性を賦活するか解体するかが、内化する主体の性格に依存するばあいとがある。

解体し要素化する内化においては、内化する主体と対象との関係は、対象が自立した個体であるかぎりア・プリオリに相剋的である（「食うか食われるか」）。賦活し個性化する内化においては、内化する主体とその対象との関係は、対象が自立した個体であるかぎり、相乗的なものでありうる。

内化はさらに複数の主体のあいだで、たがいに他を内化し合う関係として、相互性の内化でありうる。内化の相互性においては、相互に解体化し要素化し合う関係、一方が解体化し要素化しつつ、他方が個性化し豊饒化する関係、相互に個性化し豊饒化し合う関係がありうる。

『存在と無』のサルトルが対他存在論として人間学的な地平において追求し、『資本論』のマルクスが価値形態論として経済学的な地平において追求した論理とは、要素化し非自立化する内化における、主体相互の矛盾に他ならない。〔ただし『存在と無』においては、この人間学的な地平それ自体の存立がひとつの歴史性として対自化されることなく、「存在論的」なア・プリオリとして把握される。価値形態論については次章参照。〕

一　外化の疎外への転回

——収奪の論理と物象化の論理——

　前章においてみたように、人間の残余の自然との物質代謝の過程が、〈労働をとおしての享受〉として媒介化されるということは、人間が物質性の宇宙のさなかに、その内在的超越者として自立化し主体化することとの前提であった。同様にまた、諸個人の残余の社会との物質代謝の過程が、〈譲渡をとおしての領有〉として媒介化されるということは、諸個人が歴史的世界のさなかに、その内在的超越者として自立化し主体化することとの前提であった。

　労働過程および交通過程における、このそれぞれの〈外化をとおしての内化〉の回路が、内化として回収されざる外化として、その還流する回路を遮断されるとき、これを疎外と規定しよう。〔疎外をこのように規定するとき、疎外の止揚ということは必ずしも外化そのものの止揚ではなく、すなわち労働そのものの廃棄、分業そのものの廃棄ではなく、この還流する回路をとりもどすことでもありうる。〕

　外化はもともと、主体の類的＝個的な本質の対象化、あるいは譲渡であったのだから、この外化が内化として還流することのないとき、主体はその類的＝個的な本質そのものを自己に疎遠なものとして、剥離し喪失することとなる。

〔補註〕マルクスは周知のように、（パリ草稿や『経済学批判要綱』において）「外化」と「疎外」とを区別していない。しかしこのことはマルクスが実質的に、ここでいう外化と疎外を区別していなかったということではない。マルクスは「対象化」と「疎外」を明確に区別したうえで、「外化」という語を「疎外」の方と同義語に用いているにすぎない。ここでは前章で展開したように、労働過程における対象化、および交通過程における譲渡を、外化の二つの次元ととらえて、これと明確に区別しながら、疎外を本文のように規定する。マルクスの用語法では、「外化」はたんに「疎外」の同義語であって、術語としては死んでいる。

疎外において、すなわち、内化として回収されることのない外化において、この外化された人間たちの個有性は、どこに向って喪われるのか。いうまでもなく、これを外化する主体以外の存在――対象的自然もしくは他者たちである。

自然との物質代謝としての労働の過程において、対象化それ自体が享受ではなく、しかも対象の享受として還流することもないとき、それはひとつの非・生活として、疎外された生活の過程に他ならない。このとき主体の疎外された個有性は、対象的自然のさなかに、空しく解体し拡散することもありうる。

けれども疎外が、社会内的な過程として存立するとき、疎外された人間たちの個有性は、(I)直接的、具体的な人格としての支配者たちによってであれ、(II)媒介され、抽象化された諸人格の物象的連関によってであれ〕他の人間（たち）によって内化されている。社会・内過程としての疎外は、たんなる非・内化であるばかりでなく、ひとつの被・内化、内化する主体の転倒である。そこでは自己の個有の力能が、他者の個有の力能として、自己自身に対立する疎遠な対象的な力として累積される。〔前稿において言及した、生きた労働力能の資本の胎内への内化《アナイグヌング》、という『要綱』の把握を参照〕

〈内化なき外化〉にたいしては、〈外化なき内化〉が双対している。このような〈外化なき内化〉（労働なき享受、譲渡なき領有）をここでは収奪とよぼう。

社会内過程としての疎外の最も単純な、歴史的にも論理的にも原初的な形態は、人格的に相対する諸個人相互の、一方が〈内化なき外化〉の主体、他方が〈外化なき内化〉の主体、であるような〈疎外↕収奪〉の関係である。ここではヘーゲルの〈主《ヘル》と奴《クネヒト》〉の関係がそうであるように、〈労働をとおしての享受〉の回路が別個の人格に分断され体現されて、一方は純粋な〈労働〉の主体、他方は純粋な〈欲求〉の主体として双対する。*

＊『精神現象学』B—四—3—A「自己意識の自立性と非自立性、主と奴」（樫山欽四郎訳、河出書房、一一五—一二三ページ）

この関係は歴史的には、近代市民社会に先行する諸共同体内部における人格的支配関係においてみられる。そこでは労働する主体（奴隷・農奴等）にとって、第一に労働は自己活動であることをやめ、その本質的な規定性において強制労働であり、第二にこの労働の生産物は、彼自身の領有するところではない。（労働過程疎外、および生産物疎外）

つぎにこの収奪関係が、ほぼ対等の多数の諸個人相互のあいだで相互的に成立するばあい、このような私的な主体相互のあいだの集列的な相剋の関係性は、のちに（第三章）追求するようなメカニズムを媒介として、この彼ら自身の関係の総体性を、どの主体の意思からも独立した対象的な運動の法則性として存立せしめると共に、この連関の項をなす個々の主体を、この物象化された法則の客観性に従属せしめる。個々的な〈疎外↕収奪〉関係をそのいわば微分的な契機として内包するこのあたらしい疎外の水準を、ここでは〈疎外↕物神化〉関係の水準（あるいは物象化水準）とよぼう。

物象化水準における疎外は、社会の市民社会《ゲゼルシャフト》的な存立の地平の基礎的な規定性をなす。そこにおいては諸個人の直接的な共同性の絆は解体し、各人は相互によそよそしい他者性としての他者と対峙し、その生活の現実的な内実をなす一社会の物質的、精神的生産物を、物象化された相互依存の関係を媒介として獲得する。

その歴史的な前提は、労働諸条件の共同体的所有の解体＝労働諸条件の私的な所有と、これにもとづく私的な労働、およびその成果の交換を媒介とする媒介された依存関係であり、その経済的な形態化は商品―貨幣関係である。すなわちそこではそれぞれの労働主体は、私的な労働と所

第一図

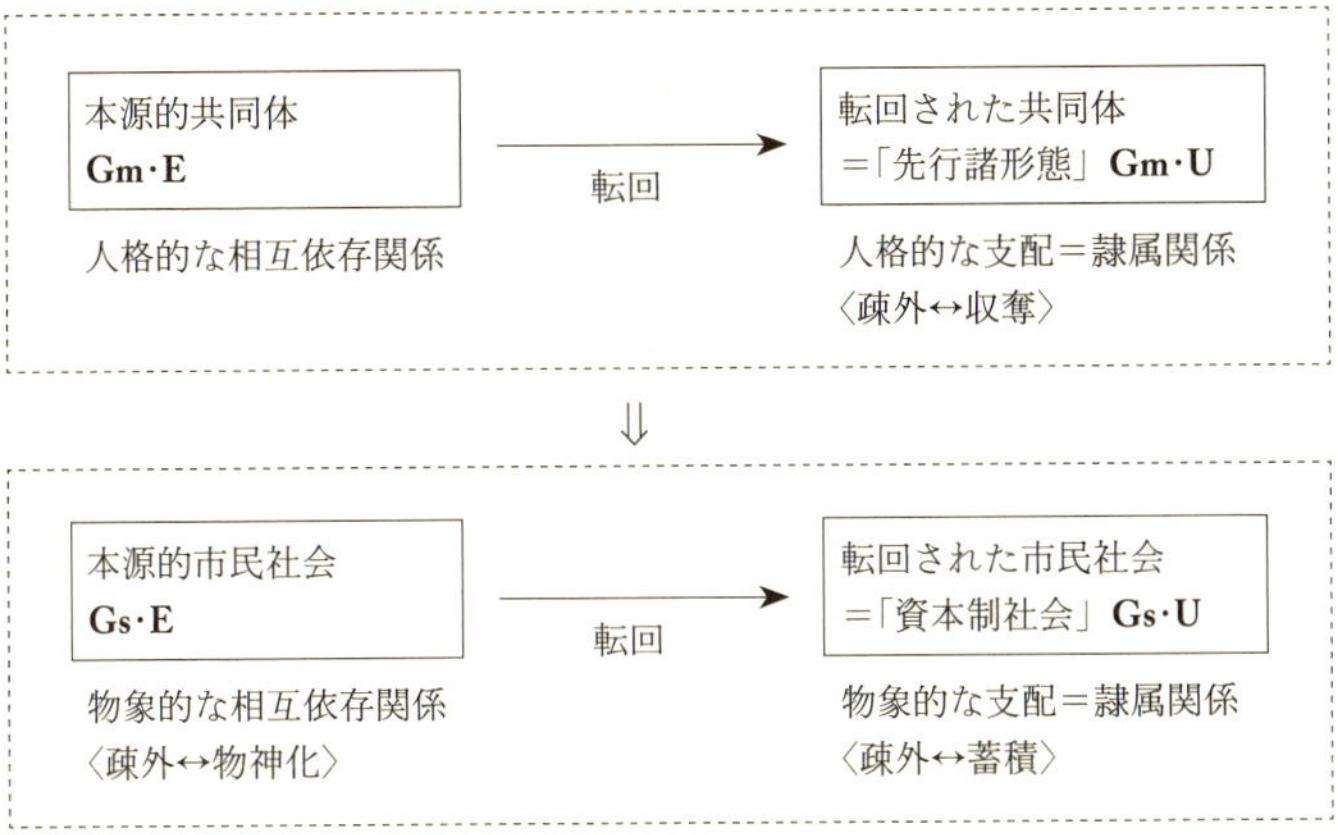

有の主体として、相互に他の人間から疎外されており、したがって自己自身の類的な本質としての共同的な存在性から疎外されている。

　第三にこの物象化的な関係そのものを基礎に、労働する主体の労働力能そのものが、「市民社会的な平等＝等価交換の形式を媒介として」、他者の所有に内化されるとき、集列《ゲゼルシャフト》関係そのものを基礎に、媒介され高次化された階級関係がふたたび存立する。

　いうまでもなくその歴史的＝現実的な定在形態は、資本―賃労働関係である。〈疎外↕収奪〉関係と〈疎外↕物神化〉関係との重畳する、この高次化された疎外の水準においては、労働主体は、①その生産物から、②その労働自体から疎外されると同時に、③類的な存在性から、したがってまた④相互に他の人間から疎外されている。そこでは収奪は、単純な階級関係におけるように、直接に人格的な形態をとらず、物象としての資本の〈蓄積〉という物象化された形態をとる。この物象化された収奪、の関係を、ここでは〈疎外↕蓄積〉関係の水準とよぼう。

以下疎外のそれぞれの水準の論理を立入って検討するまえに、あらかじめ全体の骨格をここで予示的に整理しておけば、第一図のようになる。

以下基本的な諸概念の規定を確認しておこう。

(1) **E**　〔本源的な所有形態〕：労働主体と所有主体との同一性

(2) **U**　〔転回された所有形態〕：労働主体と所有主体との分裂

したがって、トートロジカルなインプリケーションとして

(1)′ **E**：〈外化をとおしての内化〉の非疎外

(2)′ **U**：〈外化をとおしての内化〉の疎外

＝〈外化なき内化〉（収奪）↕〈内化なき外化〉（疎外）の関係

(3) **Gm**　〔共同体〕：直接に人格的な関係性の優位《ドミネイト》する分業＝再生産システム

(4) **Gs**　〔市民社会〕：物象化的に媒介された関係性の優位する分業＝再生産システム

(5) **Gm・E**　〔本源的な共同体〕：共同労働をとおしての共同所有

(6) **Gs・E**　〔本源的な市民社会〕：

(i) 私的労働をとおしての私的所有（始原的所有）

(ii) 等価の譲渡をとおしての等価の所有（終極的所有）

(7) **Gm・U** 〔転回された共同体〕：直接に人格的な〈疎外↕収奪〉関係（「資本制生産に先行する前進的な諸形態」）

(8) **Gs・U** 〔転回された市民社会〕：物象化的に媒介された〈疎外↕収奪〉関係
＝〈疎外↕蓄積〉関係（「資本制社会」）

＊

〔補論〕周知のようにマルクスは『経済学・哲学草稿』の「疎外された労働」を主題化して論じた個所で、疎外された労働の四つの規定性をあげている。すなわち(1)労働の生産物からの疎外、(2)労働の活動そのものの疎外、(3)類的な存在からの疎外、(4)他の人間からの疎外。＊

＊ *MEGA*, Bd. III. SS. 82–89. 城塚・田中訳八六―九八ページ。

ここに表象されている「疎外された人間」の主体とは、プロレタリアートであるのか、商品生産者一般であるのか、あるいは広く、「労働する主体」一般であるのか、解釈の分岐するところであった。

まず(1)生産物からの疎外、および(2)労働の活動そのものの疎外は、プロレタリアートのみならず、奴隷や農奴等、人格的な階級関係における被支配階級の労働にも妥当する。（強制労働、貢納関係、労働地代、生産物地代、等。）〈疎外された労働〉における「労働者」を、資本主義以前を含めた労働する者一般、と解する望月清司氏が、この第一、第二規定のみをまず主題化してとりあげることの必然性。（『マルクス歴史理論の研究』第二章一節）

これにたいして、(4)他の人間からの疎外、および、これにひきつけて叙述されているかぎりにおける(3)類的な存在からの疎外*は、共同体の絆から疎外された私的な生産者としての、商品生産者一般に妥当している。

* 「一般に、人間の類的存在が人間から疎外されているという命題は、ある人間が他の人間から疎外されているということを意味する」等。ただしこの第三規定を全体としてみると、フォイエルバッハ的、さらにヘーゲル的な含意を意識的に混入させて、多義的で未分化なものとなっている。このことは当時のマルクスが、後述する二つの論理の交錯を未だ充分に統合しかねて、フォイエルバッハ・ヘーゲル的な含意をもつ Gattungswesen の概念を以て、強引に両者の接合を果そうとした結果と思われる。

すなわち第一、第二規定が、本章における「本源的所有」にたいする、「転回された所有」の形態における労働、すなわち収奪され疎外された労働を規定するのに対し、第四（第三）規定においては、本章における「共同体的」所有にたいする、「市民社会的」所有の形態における労働、すなわち類的な共同存在から疎外された労働が規定されている。〔（E→U）の問題次元と（Gm→Gs）の問題次元との交錯。〕

いわゆる「ラーピン論文」を軸に、これに先駆する重田晃一、中川弘氏らの考証、細見英氏による整理、森田桐郎、望月清司氏らによる展開、によって次第に闡明されてきたように、*この経哲「第一草稿」における近代社会の把握は、リカード、ミル、マカロック等、およびエンゲルスの『国民経済学批判大綱』への再度の沈潜を媒介として、第二、第三草稿における、あらたな理論的地平へとのりこえられる。

* N・ラーピン「マルクス『経済学・哲学草稿』における所得の三源泉の対比的分析」(『思想』七一年三月号)および細見英氏による同論文への簡潔的確な「訳者まえがき」。望月清司氏の前掲書・第一章第二節二における考証および、第二章「疎外と社会的交通」における積極的な展開、をとくに参照。

すなわちこの「疎外された労働」論をふくむ第一草稿においては、あくまでも階級的な、〈収奪↕疎外〉の論理が問題の主軸であって、事実この疎外の諸規定の部分にひきつづく、未来の課題ともいうべき階級関係をひきだす個所では、ふたたびマルクスはまず第一、第二規定のみに立脚して論を進める。たしかに後になって第三、第四規定も想起され挿入されるけれども、この次元が哲学的予感としてでなく、経験的な現実の構造として把握されるためには、『ミル評註』、第二、第三章草稿における社会的分業論を経て、『ドイツ・イデオロギー』における疎外のあらたな交通形態論的な把握にまでまたねばならなかった。けだし第一、第二規定における〈疎外↕収奪〉関係が、単純な主体↕客体関係の図式において一応は把握されうるのに対し、(第三)第四規定の疎外の現実的な構造把握は、諸主体の関係性自体が一個の〈構成された実在性〉として、諸主体を逆にみずからの要素化し意味づける主体として存立するという、物象化論の地平の獲得を前提とするからである。〔単純な疎外論図式の、物象化論図式への止揚〕。*

＊ なお廣松渉『マルクス主義の地平』（勁草書房）、とくに第八章「『疎外論』から『物象化論』へ」参照。

そしてこの二つの論理次元が再び統合され、物象化的な収奪の関係としての〈疎外↕蓄積〉論として結実するのが、『経済学批判要綱』を経て『資本論』に至る過程に他ならなかった。「疎外の最も極端な形態——賃労働にたいする資本の関係」という把握が、『要綱』の成熟したマルクスによって他ならぬ資本蓄積論（第二循環論）の文脈のうちに書きとめられるとき、それはたんなる批判的情念もしくは哲学的直感にもとづく形容語ではもはやなく、経験諸科学への沈潜を媒介した上で、〈疎外↕収奪〉の論理次元と〈疎外↕物神化〉の論理次元を、ここに蓄積論として統合しえたマルクスの、明確な内包をもった概念として把握されていたはずである。この論理はそのまま『資本論』第一巻の結論部分（蓄積篇第二二章）において展開されている。『資本論』構成の問題として、第三篇冒頭の「切断」問題〔第Ⅰ巻第三篇（第五章）冒頭において、人間と自然とのあいだの物質代謝としての労働過程一般が、あらためていわば冒頭風のスタイルをもって説き起こされ、論旨の累積がそこでいったん切断されていること〕も、この二つの論理次元の相対的な異質性とその統合の企図として把握することができる。

まず『資本論』は、人間社会一般に汎通する広義の経済関係についての一般理論ではなく、近代市民社会の運動法則とその存立の構造を解明することを課題とするものであるから、疎外の第一水準すなわち、単純な（直接に人格的な）〈疎外↕収奪〉の関係はそれ自体としては、主題化されることを要しない。〔それが主題化されるのは、第二・第三水準における疎外の本性を照明するための対照として（「工場主とボヤール」、地代の歴史的諸形態、等々）のみである。〕すなわちそこでは最初から、第二水準の疎外、〈疎外↕物神化〉関係が主題化される。（＝第一篇商品―貨幣論）。それは当然にも集列性《ゲゼルシャフト》の論理、したがって交通形態論として展開される。

しかし『資本論』の固有の主題は、もちろん「資本」そのものであり、第二篇は多くの論者の指摘するとおり、そのための問題提起篇である。そして「資本」の把握とは、これを〈物象化された収奪〉＝〈疎外↕蓄積〉の関係として、すなわち第三水準の疎外として解明することに他ならないから、それはこの物象化の論理をすでに前提としつつ、ふたたび階級的収奪の論理として展開されねばならない。

この課題の遂行の前提としては、交通過程論を基軸としてとりあえずは展開する第一篇において、さしあたりそれ自体としては捨象されえた労働過程論の契機が、あらためてここに導入されねばならない。（労働主体と労働の客観的諸条件→可変資本と不変資本。労働手段と労働対象→（不変資本中の）固定資本と流動資本。等々）

第Ⅱ・第Ⅲ巻においては、第Ⅰ巻の総括としての資本蓄積論そのものの展開を媒介として（第Ⅱ巻循環・回転論）、諸資本相互のふたたび集列《ゲゼルシャフト》的な関係性を基礎とする、累乗化された物神化の諸形態としての、資本制世界の姿態形成《ゲシュタルトゥンゲン》が論じられる。ここで主題化されるのは、第Ⅰ巻（第三篇以後）における収奪（階級性）の論理をすでにその前提としてふまえた上での、高次化された物象化の論理に他ならない。

＊

以下われわれは、ここで粗描してきた、疎外と物象化の次第に高次化する諸水準について、それぞれの存立の機制とともに、諸水準相互の連関を追求することによって、現代社会の経済形態の、重層的な存立の構造を獲得しよう。

二 共同体的な回路の転回
——第一水準・疎外＝収奪——

「商品生産の所有法則の資本制的領有法則への転回」ということが、『資本論』第一巻の「問題提起篇」たる第二篇と、「総括篇」たる第七篇とを呼応する全巻の主題をなすことは、ここにあらためて確認するまでもない。ここに「転回」とはいうまでもなく、〈外化をとおしての内化〉としての本源的所有の回路が、〈内化なき外化〉としての疎外と、〈外化なき内化〉としての収奪との関係に自己転変するメカニズムに他ならない。

近代市民社会の運動法則の解明としての『資本論』がさしあたり問題としていることは、市民社会的所有の転回、すなわち、私的な労働にもとづく私的な（始原的）所有、等価の交換にもとづく等価の（終極的）所有、という原理の「転回」に他ならなかった。（Gs・E→Gs・U）。しかしわれわれが、このような「転回」の前提をなす市民社会的所有そのものの存立をさらに追求して遡行するとき、われわれは本源的な所有のもうひとつの形態、共同的労働にもとづく共同的所有という、〈本源的共同体〉そのものの所有原理の、原初的な〈疎外↕収奪〉関係への「転回」の論理を見出す。（Gm・E→Gm・U）。

この本源的共同体における「転回」の問題については、すでに『要綱』の「先行諸形態」における追求、これをうけての平田清明、望月清司氏らによる展開がある。*

＊ 平田『経済学と歴史認識』七八―九一ページ。望月・前掲書五三三―五四六ページ。他。

ここではこれらの先駆的な着目に貴重な示唆をうけつつ、この原初的な外化の疎外への転回の論理を追求してみよう。

そのさいここでは、共同体的な〈疎外↕収奪〉関係の例の三形態――「アジア的」形態における貢納関係、「古典古代的」形態における奴隷関係、「ゲルマン的」形態における農奴関係――の各々の歴史的な諸事実の沃野に深入りすることは避けて、あくまでもこの「転回」の論理の骨格を追求し把握することを主眼としたい。

＊

本源的な共同体において、所有はもともと個別化されていないのだから、〈外化をとおしての内化〉の回路が〈内化なき外化〉としての疎外に転回するというばあい、それはまず端初的には、共同体そのものに他在するもの――自然もしくは他の共同体――との関係においてしかありえない。

まず(I)自然との関係についていえば、氷河の下降、火山の爆発、大河の氾濫、等々によって、労働が所有として回収されることなくその意味を喪失することはありうる。けれどもこれは、対極に収奪をもたない疎外、たんに拡散する疎外であって、社会内過程としての疎外ではない。この自然との関係性は、のちにみる媒介された形態、共同体自体の内部から反転する〈疎外↕収奪〉関係の把握の前提として、あらかじめ視野におさめておくことを要するのみである。

（Ⅱ）つぎに他の共同体との関係。諸共同体の定在する自然的諸条件および生産の様式にもよるが、共同体の他共同体との戦争は多くのばあい、共同体の平常の共同労働の一環であった。戦争が一方による他方の征服として帰結するばあい、征服した共同体が征服された共同体の成員を殺害することなしに、農奴あるいは奴隷として、従来のあるいは新規の生産に従事せしめて、その生産物を収奪するばあい、最も単純で原初的な〈疎外↕収奪〉関係がそこに成立する。

「もし人間自身が、土地の有機的付属物として、土地といっしょに征服されるとすれば、人間は生産条件の一つとして一括征服されることになり、こうして奴隷制や農奴制が発生するが、これらはあらゆる共同存在の本源的な形態をやがて虚偽化し、変質せしめて、みずからこれらの共同存在の基礎となってしまう。単純な構成は、このことによって否定的に規定されることになる。*」

＊ *Grundrisse der Kritik der Politischen Ökonomie*, Dietz (1953), S. 391. 高木幸二郎訳『経済学批判要綱』（大月書店）第Ⅲ分冊、四二五ページ。（以下同書は単に「*Gr.* S. 391. Ⅲ、四二五ページ」というふうに略記。但し訳文は必ずしも同訳書に依らない。）

「種族によって征服された他の種族、すなわち従属させられた種族をしてその所有を喪失せしめ、そしてこの種族自体を、共同存在が自分のものとして関係をむすぶ、その再生産の非有機的条件のなかに投入する。だから奴隷制と農奴制とは、種族存在にもとづく所有が一段と発展したものにすぎない。*」

＊　Gr. S. 391. Ⅲ、四二七ページ。

すなわちこのような、原初的な〈疎外↕収奪〉関係においては、本源的な所有の形態そのものを前提としつつ、これを征服共同体の個有の再生産過程のうちに内化することをとおして、個々の本源的共同体自体を要素化し、変質し、虚偽化（verfälschen）してしまう。

このとき本源的な共同性そのものは、このすでに変質した共同性を糊塗し潤滑するための虚偽意識の形態としてのみ存続するだろう。（虚偽化された共同存在！）

つぎにこの(Ⅰ)対・自然関係および(Ⅱ)対・他共同体関係における緊張の、共同体自体に内転する諸帰結を追求してみよう。

まず(Ⅰ)、自然とのあいだの拮抗関係は、その暴力性（洪水、干ばつ等々）からその共同体自身を防衛し、さらに進んで積極的には、これを征服し開発（＝搾取）《エクスプロイティーレン》することを、共同体自体の主要な課題たらしめる。この課題の緊急性＝効率化への要請は、この共同の事業を組織し、統括する部分を共同体の内部分業として析出する。共同体に脅威を与えるこれらの自然的な諸力は、未開人にとって同時に、超自然的な諸力としてあらわれるから、この統括的な部分の最初の定在形態は、未分化の聖職者＝技術者である。＊

＊　聖《ひじり》とは日知り、すなわち最初の農学者にして天文学者であったように、一般に諸文化において、神官が最初の知識階級、とりわけ最初の専門化された地位としての自然科学者であったということは、多くの研究によって指摘されている。

共同体内の分業一般は既にのべたとおり、これを性あるいは年齢の分業にまで遡るかぎり、本源的な共同体の最初期にまで遡ることができるけれども、このばあいはそれがことがらの性格上、総体の意味を統括する者と、この者の企図《アンラーゲ》の全体化のもとに一分岐として包摂され要素化される労働者との、垂直的な分業であることに留意しなければならない。

〔自然が個々の共同体をこえた規模での課題を要求する場合には（大規模な灌漑、治水等）、この統括的指導部はやがて、諸共同体の外部に、これを統括する独自の形態の「国家」として析出される。（「アジア的専制国家」）＊〕

＊　Gr. SS. 376–7, 382–3, usw. III、四〇八—四一〇ページ、四一五—四一七ページ、等。

つぎに(II)他の共同体とのあいだの拮抗関係もまた、その顕在的、潜在的な暴力性（侵攻、略奪等）からその共同体自体を防衛し、さらに進んで積極的には、（古代ローマのばあいのように）＊これを征服し開発《エクスプロイティーレン》（＝搾取）することを、共同体自体のもうひとつの主要な課題たらしめる。

＊「ローマ的共同体は、各成員にたいしてなにがしユーゲラの土地の占有を保障しているので、人口の増進が配分可能地を残さなくなった時点において、過剰人口を、共同体圏域の外部に『植民』させざるをえない。この植民は言うまでもなく『共同労働』としての征服戦争を必要とする。」（平田清明・前掲書八〇ページ）

この課題の緊急性＝効率化への要請もまた、対自然的な防衛、征服のばあいと同じく、この共同の事業を組織し統括する者を、やがて共同体内部の垂直的分業として析出する。〔農業諸共同体にたいする騎馬民族の侵攻のように、この事業が個々の共同体をこえた規模での課題を要求するばあいには、対自然のばあいとおなじく、この統括的指導の権能はやがて諸共同体の外部に、これを統括する独自の形態の「国家」の事業として吸収される。（古代帝国の事業としての「万里の長城」！）〕

対・自然関係および対・他共同体関係におけるこのような緊張は、共同体の富の一部を、個別諸成員による直接の享受から控除して、不時にそなえての備蓄ならびに、共同の諸活動のための共同の諸手段として、直接に共同的な形態で蓄積することを要請する。個々の成員の直接的な享受の欲求へのこのような禁圧は、タブーその他の集合表象（représentation collective）へと昇華する共同体的な意思として、諸個人の意思に回帰的に内在化してこれを拘束するとはいえ、その現実的な執行と管理はいずれ、この共同の利害を体現し代行する諸個人によって遂行されねばならない。〔共同利害の意識形態的な外化としての「規範」と、組織形態的な外化としての執行担当者〕この共同的利害の体現と遂行は、その自然発生的ななりゆきにおいては、かの対自然、対・他共同体的な防衛、征服の事業の組織者、統括者の権能に帰するであろう。

生産物の直接的な享受からのこのような控除は、第一に控除された残余のみをもって成員の生活を維持する必要性として、生活時間のますます多くの部分を労働時間に転化する圧力を形成すると同時に、第二にこの備蓄された共同的富の、生産財としての活用（種もみ化、等々）ということをとおして、それ自体共同体的な生産力の発展の要因となる。

さらに前述したように、共同体の二重の対他関係のそれぞれへの対応としての分業化――知識の集中的な蓄積と集団の機能的な組織化は、消極的に共同体の生存を防衛し安定化するのみならず、積極的にこの生産力の発展をいっそう加速化するだろう。

このように発展を加速化された共同体の力能の成果――すなわち(I)対・自然的闘争の戦果としての新しい剰余生産物および、(II)対・他共同体的闘争の成果としての征服地および動産的戦利品（人間をふくむ）――は、①その一部分はさしあたり暫定的に、共同体の公的な所有に帰したのち、やがて個別の成員に分配されるが、②他の部分はそのまま恒久的に、共同体の公的な富として蓄積される。このように増大する「公的」な富の、暫定的もしくは恒久的な管理は、その自然発生的ななりゆきとしては、またしてもこれらの共同的な事業の組織者、統括者の手にゆだねられることになるから、それはこのような特殊な個人の権限を拡大すると同時に、このような管理者としての諸個人によるこの富の私的な横奪（Usurpation）への道をひらく。

「これらすべての共同存在の目的は、維持するということである。すなわち、その共同体を形成する諸個人を所有者として再生産すること、すなわち、成員相互の関係行為とともに、それによって共同体そのものを存立せしめている、そのような一定の客観的な定在の様式において、諸個人を再生産することである。この再生産はしかし、必然的に新しいものの生産であると同時に、古い形態の解体でもある。たとえば各個人がなにがしエーカーの土地を占有しなければならぬところでは、はやくも人口の増大がさまたげとなる。このさまたげを予防しようとすれば、植民ということになり、この植民は征服戦争を必要とする。そこで奴隷等々が〔生ずる〕。たとえばまた公有地（ager publicus）の拡大がおこり、そしてそれとともに、共同存在を代表する貴族が〔生ずる〕、等々。このようにして古い共同存在の維持は、その基礎をなす諸条件の解体をふくみ、その反対物に転回する。*」

＊　Gr. S.393. Ⅲ、四二八ページ、強調は引用者。

システムの自己維持的な再生産のメカニズムそのものが逆に、このシステムの解体と自己変質のメカニズムに転回すること。これは論理必然性ではなくて事実必然性だけれども、これを必然たらしめる基礎的な事実性としての、共同体の対他存在、すなわちその他在としての、自然ならびに他の共同体との拮抗する関係性。

あたかも諸個人の意識のうちで、外界の諸条件および他者たちの圧力が、現実原則および規範意識として先取りされ内在化されて、欲求の直接的な発露にたいする自己抑圧の構造を形成するように、*諸共同体はこれらの、二重の対他関係からくる圧力を止揚する実践の中で、自己抑圧の構造を内在化する。

＊　S・フロイトの精神構造論。なお K. Keniston, *The Uncomitted; American Alienated Youth*, 1965. における「自我の独裁」論を参照。

このような共同体の対内的な自己抑圧の権能を遂行することが、特定の諸個人に集中し、彼らがこの共同的利害を挺子に、この共同的利害をこえて、他の一般成員に対峙する私的な関心主体として析出するとき、彼らは共同体にとっての、外部からの脅威ということを背景として、それらからの庇護、およびそれらの克服を根拠としつつ、他の成員から収奪する支配力となる。

共同体に他在する自然および他共同体の本源的な圧力は、いまや共同体内部のこれらに拮抗する部署の、一般成員にたいする支配力の増大というかたちで、媒介された圧力の形態において成員にさしむけられる。このようにして共同体自体の内部に、〈疎外↕収奪〉の関係を内在化する。

共同体がその労働の剰余部分を、この共同体自身を象徴し具現する一者のうちに、みずからのゆたかさとして惜しみなく対象化するということ（「讃仰的労働」として、あるいは産物の献納において）、それはそれ自体、その始原においては、共同の自己享受でさえあったかもしれぬ。また諸個人が凶作や祭祀や戦争などに備えて、その労働の剰余部分を、共同体自体の所有としていったんは外化すること（「公的」な用役として、あるいは産物の控除において）、それは凶作や祭祀や戦争のさいに還流するはずのものであるかぎり、ひとつの媒介された内化の回路を形成するにすぎない。しかしこれらの共同体的な対象化と譲渡の回路は、それがまさしく共同的な〈外化をとおしての内化〉の回路であるがゆえに、この共同性自体を具現する諸個人による私的な横奪にむかってもまた、無防備にひらかれている。それはまさしく共同的な内化の回路であるがゆえにこそ、みずからの反対物への、疎外への転回にむかって無防備にひらかれている。

本源的共同体内部におけるこれらの諸個人の析出は、そのはるかな論理的始原においては、たんに長寿の結果として蓄積された経験の年輪あるいは、異常にもしくは相対的に秀でた身体的、精神的資質、あるいはいっそう偶然的な諸因子によるものであったはずである。しかしいったんこのような個人が特定化し、ましてやそれが世襲化されると、はじめはわずかな窪みに水が流入して穿つように、共同体内の経験はこの人物に集中し、共同の事業としての戦争の栄光はこの人物において具象化され、共同の事業としての労働の成果はこの人物に仮託される。共同体内の一般成員とその結合した力のもたらす経験や戦果や産物は、この人物に向って疎外され、この人物自体の富として、ゆたかさとして内化される。彼はこの富の一部をふたたび共同の事業に役立て、諸成員のために還元することをとおして、その忠誠を確保するとともに、貢納や夫役や租税を領有する。この関係は表相において、ひとつの相互的な譲渡と領有の関係であるかにみえる。けれどもそれはその本質において、支配者が過去に領有したものの一部を、現在の領有と交換しているにすぎない。本源においてはたんにある個体の偶有する経験や体力や精神力の、他の諸個体との惜しみなき相互還流でもあったかもしれないものも、この第二次の回路においては、他者たちの過去労働と他者たちの現在労働の交換としての、〈収奪↕疎外〉の関係へと転回している。〔cf. 市民社会的領有法則の転回における「第二循環論」*〕

＊ *Gr.* SS. 354–374, 413–415. Ⅱ、三八五―三九四ページ、Ⅲ、三九五―四〇七ページ、四五〇―四五一ページ。→『資本論』第一巻第二二章。

最初にあげたケース、すなわち一共同体が他の共同体によって、（あるいは一種族の全体が他の種族によって）、単純にかつ直接的に征服され領有されるばあいも、征服集団がみずから宗教的、および軍事的要職を独占するというかたちで、元来の共同体を「庇護」しつつ収奪するという、垂直的「分業」の形式を形成することになるだろう。このときそれはカースト的、身分制的に編成されたひとつの上位「共同体」を、〔いわば本来的に虚偽化された共同体として〕構成することによって、本源的共同体がその内部から転回する論理の帰結を、歴史的現実の中で、暴力的に短縮して実現することになる。

＊

現代社会の存立構造を追求するわれわれにとって、一見迂遠な主題に過大の紙幅をとりすぎたかもしれない。しかし共同体の自己「転回」の論理は、たんなる歴史的過去の「段階」についての死せる知識としてでなく、現代社会そのものの存立の構造のうちに、またその止揚の集団的実践の構造のうちに。現存し再現する共同性の自己転回の問題性として、アクチュアルな主題性をもつ。たとえば①ファシズム論、天皇制論の、あるいは②家族論、職場論、地域論等の、あるいは③社会主義建設論、スターリニズム論の、あるいは④コミューン論、運動組織論の、実践的＝理論的諸問題の把握は、かの本源的共同体が疎外に自己転回する過程の「固有の弁証法」を、〔無媒介的に転用することはもちろん誤りにみちびくとはいえ〕、論理として抽出し再構成することを媒介として、はじめてひらかれてくるような問題性の次元を、それぞれに固有のしかたで含むはずである。

三　商品世界の存立構造

——第二水準・疎外＝物象化——

つぎにわれわれは、社会の市民社会《ゲゼルシャフト》的な構造に固有の水準における疎外、あるいはむしろ、社会の市民社会《ゲゼルシャフト》的な存立の機制そのものであるような形態の疎外、すなわち、物象化としての疎外をとりあげて検討してみよう。

〈物象化としての疎外〉とはいうまでもなく、諸個人の人格的な活動の相互連関とその固有の力が、商品や貨幣といった物象に固有の属性（力能）として、あるいはそれらの物象の相互連関として存立するということ、すなわちこのような物象の物神化をその対極としてもつ疎外の形態である。

だがそれにしてもこのような物象化がなぜ、どのような意味あいにおいて、疎外として把握されるのだろうか。それは〈第一水準〉の、主体―客体関係における、収奪を対極としてもつような、単純で直接的な疎外と、どのような関係にたつのだろうか。

われわれはまず一見迂遠にみえても、〈物象化としての疎外〉というものの概念を、的確につかんでおかねばならない。

まず諸個人の労働が、リンネルなり上衣なりという物在として対象化すること自体は、疎外でも物象化でもないことはいうまでもない。

またそのような労働の生産物を相互に交換することが、一定の金属片なり紙片なりを媒介することを便宜とすること、あるいは社会的必要総労働時間のうちの、個々の物品の再生産に所要する比例部分を、同様の紙片あるいは金属片において表現し対象化するということ、そのこと自体はひとつの外化であり対象化であるのみであって、必ずしもそれがただちに疎外ではない。

すなわちこのような価値規定*の尺度あるいは、（広義の）交換の手段というものが、「物在において」外化され対象化されていること自体は、もしそれが対自化された社会的分業＝交通＝再生産の透明なシステムのうちに一契機としてふたたび内化されてあるかぎり、それは疎外でも物象化でもない。

＊「価値規定」と「価値」との区別と連関については、別に一篇を要すべき重要な主題であるが、ここではさしあたり、『資本論』第Ⅲ巻の総括部分における、次のような両概念の把握を参照。「第一に、価値に基づきさらには資本制的に組織されている生産様式をもつ一国民を、たんに国民的欲望のために労働する一つの全体とみなすことは、誤った抽象である。第二に、資本制的生産様式の止揚後も、社会的生産が維持されるかぎり、価値規定は、つぎのような意味で、すなわち、労働時間の規制、さまざまな生産群の間への社会的労働の配分、最後にそれらに関しての簿記が、以前にもまして重要となるという意味で、有力に作用しつづける。」（*Das Kapital*, Bd. III, *Werke* (Dietz) Bd. 25. S. 859. 大月版全集、第二

五巻、一〇九〇ページ。強調は引用者。なお、以下同書は単にK. III. (*Werke*, Bd. 25) S. 859. 全集第二五巻、一〇九〇ページ、というふうに略記。但し訳文は、必ずしも同訳書に依らない。）

〔このように対自化された社会的協働の連関において、このような物在による尺度表現あるいは媒介手段というものがはたして必要とされるか否か、あるいは実際にどのように尺度し機能しうるかという問題は、もちろんまたべつの問題である。ここではさしあたり、〈物象化としての疎外〉の存立を規定するものが、「物在によって表現され媒介される」という、流通次元の形態性そのものに淵源するのではないということを、確認しておくことのみが眼目である。〕

　このような媒介としての物在が、あたかもそれ自体の内部に、他の対象物あるいは他の労働力を、ひきつけ支配する力を固有するもののごとくに、一個の「主体的」力能としてたち現われ、個々の労働主体の労働が、ぎゃくにそのための労働として規定され要素化される時、すなわちこのような媒介が、ぎゃくにひとつの現実的な主体として物神化されるときにはじめて、それは疎外の構造をもつ。

　けれどもそれは、その第一水準における、単純で直接的な疎外とは構造を異にしている。単純で直接的な疎外は、その対極に可視的な収奪者をもっていた。しかしこの第二水準の疎外においては、少なくとも可視的な実体としては、どのような収奪者をもみずからの対極にもたず、あえていえば、この媒介たる物象の物神性そのものに向って、万人がともに疎外されている。（ここでは未だ資本関係、すなわち第三水準の疎外は主題化されていないことに留意。そこでは再び、収奪者が実体的に分極化するのだけれども。）

ではこの奇妙な、一見収奪者なき疎外はいったい、どのような存立の機制をもつのか。また社会的分業＝交通＝再生産の過程において、価値規定の尺度あるいは（広義の）交換の媒体などが、一定の物在として外化され対象化されるということが、どのような前提のもとで疎外に転化するのか。

結論を一挙にさきに言ってしまえば、それはこのような物在を媒介として、人格と他の人格とが、相互に対立し相剋し合っているからであり、したがっていずれの個人にたいしても、これらの物在は、彼の意思とは独立して対峙する不可視の厖大な他者たちの意思を、総括し凝縮してさしむけてくるからである。

このことを展開してみよう。

*

Ｉ　市民社会《ゲゼルシャフト》に生きる諸個人が経済形態の位相において相互にとりむすぶ関係の原基形態《エレメンタールフォルム》は、商品交換の関係である。したがってここではじめに、最も単純な二者のあいだの商品交換関係の分析から出発しよう。

いま二〇エレのリンネルが、一着の上衣と交換されるばあいをとりあげて考えてみよう。

〔補註〕このさいリンネルや上衣の所有者は、必ずしもそれの生産者たることを要しない。けれどもここでは、たんに流通の平面における諸々の経済学的な規定そのものが主題ではなく、この交換関係においてとりむすぶ、欲求し労働する主体としての人格相互の、総体的な生産関係（流通関係を内包する！）が問題なのであるから、マルクスが「価値形態論」においてしたように、両者をひとまず生産者＝所有者、いわば製造販売者として措定しておくことが好便である。そうでないばあいは、それぞれの当事者の背後に存在する、同様な交換関係の連鎖をとおして、以下の論理が複雑化するにすぎない。

いまこの関係の、商品交換関係としての種差的な本質を鮮明に浮彫りするために、市民社会的《ゲゼルシャフトリヒ》ではない分業関係における、人格相互の関係をはじめに対照しておこう。

このような方法的な設定としては、さしあたり『ミル評註』における周知の、人間的生産論の諸規定が好便である。私的所有の関係を前提としない、直接に人格的な分業関係についてマルクスはつぎのように記す。

「われわれが人間として生産したと仮定しよう。そうすれば、われわれはそれぞれ、自分の生産において自分自身と他人とを二重に肯定したことになろう。（一）私は、私の生産活動において私の個性とその独自性とを対象化したことになる……〔略〕。（二）私の生産物を君が享受あるいは使用することのうちに、私は直接につぎのような喜びをもつであろう。すなわち、私の労働によって、ある人間的な欲求を満足させるとともに人間的な本質を対象化したと、したがって他の人間的存在の欲求にその適当な対象を供給したと意識する喜びであり、(三)君にとって私は、君と類との媒介者であったのであり、したがって君自身が私を君の固有の本質の補足物、君自身の不可欠の部分であると知り感じており、したがって君の思惟においても君の愛においても君が私を確証していると知る喜びであり、(四)私は、私の個人的生命発現によって直接に君の生命発現をつくりだしたのであり、したがって私の個人的活動のうちに直接に私の真の本質、私の共同的本質を確証し実現したのだという喜びである。*」

　現実の市民社会における、すなわち商品交換の関係における人格と人格の関係は、このようではない。

　(一)の規定はしばらく措くとして、対他関係が問題となる三規定に関してみれば、(二)リンネルの生産者にとって、上衣の生産者によるその使用や享受は、何らそれ自体として享受でもよろこびでもない。同様にまた、(三)相手にとって自己が、彼と類との媒介者であり、「みずからが彼の固有の本質の補足物、不可欠の部分」であったとしても、また(四)相手の生命発現をつくり出すことによって、「直接に自己の本質、その人間的、共同的本質を確証し実現した」としても、それは事態の客観的な結果としてそうなるにすぎないのであって、それらのことを知り感受するよろこびにおいてリンネルを織るわけではない。

＊　*MEGA*, Erste Abteilung, Bd. 3. SS. 546f. 訳文は城塚登氏による。

彼の目的はただ上衣にある。すなわち自己の欲求の対象として、使用価値としての上衣を領有するということにある。このことを人格相互の関係性の位相でとらえれば、上衣生産者の労働を領有すること、自己の欲求を他者の労働によって充足することにある。もし彼がリンネルを譲渡することなしに上衣を手に入れうるならば、彼はリンネルを譲渡しないし、〔この関係のみにさしあたり限ってみれば、〕彼はリンネルをそもそも生産する必要さえない。

すなわち彼自身の意思するところは、純粋の欲求主体としての自己に、純粋に労働主体としての他者を関係せしめることにすぎない。

このような欲求主体と労働主体との関係とは、まさに前述のヘーゲルにおける〈主《ヘル》と奴《クネヒト》〉の関係に他ならない。すなわちこの関係行為のうちに、潜勢する規定的目的性は、他者の収奪に他ならない。

けれどもわがリンネル所有者は、現実の奴隷をして上衣を生産せしめる奴隷主のように、収奪の媒体としての人格的支配力をもたない。彼は他の種類の支配力に依拠せざるをえない。けだし市民社会的《ゲゼルシャフトリヒ》な関係、ここでは商品関係とはまさに、一方が他方に隷属し領有されてはいないという意味で、独立の主体相互の関係を前提するからである。

〈他の種類の支配力〉とは何か。それはこのばあい、彼の所有する商品リンネルの、上衣所有者の欲求をひきつける力に他ならない。彼はこのような物象を媒介として、はじめて彼の必要とする他者の労働を支配することができる。したがってそこではあたかも、物象としてのリンネル自身が、上衣をひきつける属性をもっているようにみえる。〈二〇エレのリンネルは一着の上衣に値する〉というように。

このとき二〇エレのリンネルは、一着の上衣と交換される「ねうちのあるもの」として存在する。このように物象自身の属性として現れる、他の物象にたいする支配力として、交換価値を規定しておこう。このように彼の手中にある商品の交換価値を媒介として、リンネル所有者はその他者の労働をはじめて支配する。それは商品関係において、主体が他者の労働を領有する特有の形態である。

だがそれにしてもリンネル所有者は、この彼のもつ唯一の支配力たる交換価値を、どのようにして手に入れたのか。〔資本制生産に転回する以前の「本源的市民社会」がここでは問題とされているのだから〕それは他ならぬ、彼自身の労働力の支出によってである。しかもこの交換関係が現実に成立しうるためには、この労働力の支出は、上衣所有者の欲求に対応する形態においてなされていなければならない。すなわちわがリンネル所有者は、この彼の唯一の支配力を手中にするために、上衣所有者の欲求に見合うかたちで彼の労働力を支出する。〔『ミル評註』引用個所の世界とちがって、彼としては不本意ながら〕みずからの労働によって他者の欲求を充足することを、必要に強制されている。彼はみずからを〈主《ヘル》〉とするためにみずからを〈奴《クネヒト》〉とする。収奪するためにみずからを疎外する。

いうまでもなく上記の事態は、すべて上衣の所有者の側にとっても真実である。したがって彼らは相互に、自己を〈主《ヘル》〉となし他者を〈奴《クネヒト》〉となす意思として、すなわち自己の欲求を、他者の労働によって充足しようとする意思として対峙する。

そしてこの対峙の中で、行為事実的に（tatsächlich）、相互に自己を〈奴《クネヒト》〉として規定する、すなわち他者の欲求に奉仕するような仕方で労働することを強いられているものとして、みずからを規定する。彼らは相互に収奪し、かつ疎外する。

この関係を事後的にみると、たとえば共同態内の分業関係における交換と異なることなき、たんに自明の、没問題的な「交換」一般がみえるだけである。この関係を、はじめから事物化された関係態（verhältnisse）として外観するのではなく、いったんはそれぞれの側から関係行為する当事主体に内在することを媒介するときにはじめて、それはひとつの矛盾として、対立するものの統合として把握される。

そして商品関係を――すなわち、市民社会的《ゲゼルシャフトリヒ》な経済関係の原基形態Elementalformとしての、この単純な、個別的な商品交換関係を、凝固した事実性として事後的にみるのではなく、相互的かつ潜勢的な〈収奪↕疎外〉の関係として、その存立の機制においてまず把握することこそが、市民社会の経済形態の一切の高次展開の存立を概念的に把握するための、決定的な鍵鑰をなす。

Ⅱ　現実の商品世界の住人は、このように他の一者とのみ関係をもつのではない。けだし人間は上衣のみにて生きるものではないからであり。さらに商品世界においては、諸個人の労働がますます一面化することと反比例的に、諸個人の欲求はますます多面化するからである。〔この欲求のうちにはもちろん、彼自身やその家族たちの消費手段への欲求の他に、彼の生産手段への欲求も含まれている。〕

かくしてわがリンネル所有者もまた、上衣の所有者の他に、お茶やコーヒーや小麦や金や鉄などの、その他無数の商品所有者たちと関係せねばならない。彼はみずからの、ファラオよりも多面化した欲求を充足するために、これら無数の他者たちの労働を領有する者として現れる。

もちろん彼は、いにしえのファラオの人格的支配力をもたない。けれども彼は、無数の他者たちの労働を彼の手中にあるリンネルの、交換価値を媒介として領有する。彼の手中にある商品の、この交換価値の支配力、他の諸商品をひきつける物象的力能こそが、彼にファラオを凌駕するその多面的欲求を充足する力を与える。

けれどもこのようにリンネル所有者が、その欲求する商品の所有者の一人一人と、直接に関係をとりむすぶとすれば、このようにたんに並列的に拡大する関係という形態は、いくつかの欠陥を内包している。

まずリンネルの所有者が、幸運にもそのリンネルを欲求している上衣所有者と出会ったとしても、同様にまさにリンネルを欲求している、お茶の、コーヒーの、小麦の、金の、鉄の、その他あらゆる彼の欲求に対応する商品の所有者に順次出会うということは困難である。一応それらが現に出会われていることを前提としても、新しい欲求が派生するたびに、この調和はくりかえし危機に面する。

第二にこの連鎖は、ばらばらな雑多な個別的関係性の寄木細工をなしているから、彼はそれぞれの欲求を充足するために、その都度の対象者ごとに、あらかじめ共有する尺度もなしに、あらたなせり合いの関係を開始しなければならない。

最後にこのリンネル以外の、他の商品の所有者たちも、当然リンネルの所有者同様に、自己の欲求する商品すべての所有者たちと、そしてこのような所有者たちとのみ、関係をとりむすぼうとするから、それぞれの商品所有者の意思する関係性の範囲は、それぞれ恣意的にくいちがっている。彼らはそれぞれに相異った無数の他者たちとの関係において、自己の支配力を実証する意思としてせめぎ合うことになる。この商品世界は未だ共通の公的な言語をもたない。それはそれぞれが異ったことばをもって語ろうとする、私的な神々の闘いの荒野にすぎない。

けれどもこのような欠陥はじつは、この関係性自体のうちにその解決への契機をもっている。

そもそもこのような欠陥はすべて、これらのファラオ志願者たちが、その他者たちへの支配力を、その都度の彼ら相互の対偶から独立して先在するものとしての、公的に通用し妥当《ゲルテン》する尺度において、保証され客観化されていないということに起因している。

そしてこのような各自の支配力の、統一された尺度による客観的な保証ということは、すでにこの展開された商品交換の関係それ自体のうちに、即自的には存在している。すなわちこの第Ⅱ形態――並列的に展開され全面化された商品交換の関係において、リンネル所有者が他のさまざまな商品をそのリンネルと交換するとき、この関係をうらがえしてみると、すなわち他者たちの側からみると、他の多くの商品の所有者たちもまた、必然的に彼らの商品をリンネルと交換していたはずである。

このようにしてたとえば上衣や、お茶やコーヒーや小麦や金や鉄などの商品所有者は、さしあたり彼ら自身の主観的意思とはおかまいなしに、このリンネルの所有者を媒介として、相互に共通の商品交換関係のうちにひきこまれていたことになる。

Ⅲ　このときリンネルは彼らのあいだで、だれからも欲求されている共通の対象であり、彼ら相互の関係においてこのリンネルは、〈媒介する第三者〉として、事実上tatsächlich措定されている。

しかもリンネルは他の諸商品と、それぞれ一定の比率において交換されている。たとえばリンネル二〇エレにつき、上衣は一着、お茶は一〇ポンド、コーヒーは四〇ポンド、小麦は一クォーター、金は二オンス、鉄は二分の一トン、等々。したがってこのリンネルの定量との比率を媒介することによって、他の諸商品の所有者はすべて、その支配力を共通して妥当する尺度によって、客観的に保証されることになる。

さらにここでは、さまざまな商品所有者たちは、自己の欲求する任意の商品を、いまや相手が自己の商品を欲求しているか否かにかかわらず、リンネルを媒介とすることによって現実に獲得しうる。

たとえばお茶の所有者がコーヒーを欲求するが、コーヒーの所有者の方はお茶を欲求しないばあいでも、お茶の所有者はまずそのお茶をリンネルと交換することをとおして、このリンネルをもってコーヒーを購買しうる。なぜならばこの関係世界のすべての住民たちにとって、少なくともリンネルはねうちのあるもの、欲求の対象であるからである。

ここにはじめて、一つの公的な商品世界が形成されている。これをさしあたり〈リンネル本位《スタンダード》の商品世界〉と呼んでおこう。

〈リンネル本位の商品世界〉では、リンネル自体を除くすべての商品の所有者たちは、第一にこのリンネルにおいて、他者の労働にたいするそれぞれの支配力を、この世界に一般的な通用力をもつ尺度をもって保証され、客観化される。さらに第二に、このリンネルを交換の手段として媒介することによって、その欲求する任意の商品を現実に獲得することができる。このようにこの世界では、リンネルを除くすべての商品の所有者たちは、リンネルを媒介として、自己の欲求する任意の他者たちの労働を支配し領有しうるという意味で、現実に全面的な〈主《ヘル》〉としての境位にたちうる。

　ところでこのことが可能であるのは、じつはリンネルの所有者が、この世界の任意の〈主〉《ヘル》たちの欲求に奉仕する、一般的な〈奴〉《クネヒト》の境位に立たされているからである。

　リンネルの所有者ははじめ、自己の多面化された欲求を、無数の他者たちの労働によって充足する、絶対的な〈主〉《ヘル》として登場した。だがこの〈主〉《ヘル》の支配力とは、彼の手中にあるリンネルの、他の諸商品をひきつける力、交換価値に他ならなかった。この唯一の支配の絆、のみならず彼の唯一の生命の綱を、彼が所有することができるのは、ただ彼自身の労働をとおしてである。しかもその彼の労働はいまや、上衣所有者にとってのみならず、お茶の、コーヒーの、小麦の、金の、鉄の所有者、その他多くの商品の所有者にとって、有用な労働でなければならない。

　事実このリンネル所有者が彼の商品を、上衣やお茶やコーヒーや小麦や金や鉄や、その他多くの商品と交換しえたとすれば、そのことによって彼は、彼自身が意識していなくても、行為事実的tatsächlichに、彼の労働をこのような一般化された〈奴〉《クネヒト》の労働たらしめていたことになる。けだし彼自身にとっては、彼の労働の生産物の、これら無数の他者たちによる使用や享受は、なんらそれ自体としてのよろこびでも享受でもなく、したがって規定的目的性でもないにもかかわらず、彼が生活をつづけるためには、やめてしまうわけにはいかないひとつの必要性として、これら他者たちの欲求に奉仕する労働が彼に課せられてあるからである。

彼はみずから一般的な〈主《ヘル》〉たることの意思として、この展開された商品交換の関係を他者たちとむすぶ。けれども彼の、まさしくこの一般的な〈主《ヘル》〉たることの意思の内実を規定している、〈全面化された欲求〉それ自体を媒介として、逆にみずからを、この関係の系列の総体の中で、一般的な〈奴《クネヒト》〉として規定せしめる。関係行為と、その行為事実的な帰結とのあいだのこの転回。〔「近代的自我」の逆説！＝主観的な意識の形式としての自己神格化と、客観的な行為事実としての自己物象化との双対的な存立。〕

このようにしてわがリンネル所有者は、その無数の他者たちとの関係において、全面的な収奪者としての自己を、全面的な自己疎外において実現しつつ、彼自身をそこから疎外する形態で、公的な客観性としての商品世界をそこに存立せしめる。

Ⅳ　リンネル所有者自身にとっては、もちろんこのように、他者たちの支配力を実証する鏡となること、すなわちみずからを、一般的な対象性たらしめることなどは本意ではない。

けだしリンネルの所有者自身は、この商品世界から疎外されており、したがって彼自身は今なお、かの「第Ⅱ形態」におしとどめられており、したがってその支配力は未だ、対象的に確実な定在のうちに表現をもってはおらず、ただ個々の他者たちとの関係性の無限の系列のうちにのみ、その実在をもっている。

けれども彼にとって幸運なことに、ここでリンネルは、たんに歴史的機縁によって例としてあげられたにすぎないのであって、〔一般的等価形態としての〕このような運命を身にこうむるのは、なにもリンネルである必要はなかったのである。リンネルの所有者自身をふくめて、すべての商品所有者たちは、それぞれが全面的な〈主《ヘル》〉たることの意思として、エゴイズムの絶対性として、他者をこのような対象物として、商品世界の存立を保証する贖罪の羊《スケープ・ゴート》として、この世界から排除しようとしてせめぎ合う。

この役割は結局のところ、現実にこの役割を遂行するのに最もふさわしい諸性格――不変性、可分性、携帯性、等々――をその自然的属性として具備する商品、すなわち金〔ときには銀〕に固着する。かくして発達した商品世界は、一般に〈金本位《スタンダード》〉〔ときには銀本位〕の商品世界として存立する。

商品世界の〈本位商品〉が〔一般的等価形態が〕、このようにある特定の商品に固着するとき、この商品が貨幣に他ならない。

いまや人びとはこの貨幣を媒介として、相互に他者の労働を領有し合う。欲求の主体としての彼らそれぞれの支配力《ヘルシャフト》（＝〈主〉たること《ヘル・シャフト》）は、その実体をこの貨幣のうちにもっている。貨幣を所有するかぎり彼らは現代のファラオでありうる。しかしこの貨幣を喪失するかぎり、このファラオは一切の支配力を失う。支配力はいまや、彼らじしんの人格のうちにではなく、これらの物象のうちに存在するからである。

彼らは〈主《ヘル》〉たりうるためには、この物象を所有しなければならない。すなわち欲求を充足するためには、この貨幣をひきよせるような労働に——それが彼らの好みであろうとなかろうと——従事しなければならない。彼らは自己の欲求を、他者たちの労働をとおして充足するために、この物象のよびかける《ベルーフェン》労働をみずからに課する。

かくして彼らは、まさしくおのおのが〈主《ヘル》〉たらんがために、この物象の〈奴《クネヒト》〉としてみずからを規定する。この自己疎外は、しかし対極に可視的な人格としての収奪者をもたず、貨幣という物神に向っての疎外として定在する。

貨幣は創生の機制からいえば、あくまでも一般的対象性として、受動的にその商品世界から押し出され、規定づけられたものにすぎない。しかし貨幣がいったん貨幣としてその排他的な地位を固定すると、それはまさしくこのような絶対の対象性であることによって、ぎゃくに絶対の主体性へと転回する。

だがそれにしても貨幣のこのような、絶対的な支配力の実体はどこにあるのか。

多岐的に分業化された市民社会の生産のシステムの中で、諸個人の肉体的、精神的生活の内実を構成するのは、無数の他者たちの労働の成果に他ならない。彼らは相互に、一人では生きられないものとしてその無数の他者たちに依存しており、かくしてこの相互依存の全体系は、結果からみると、巨大な協働的分業のシステムとして存在する。それはこの市民社会の深層の構造として実在する、諸個人の意識から独立した共同性（Gemein-schaft）である。

しかしこの共同性は、物象に媒介されてのみ存立している。諸個人はこの、彼らの意識から独立した協業的分業の力を、貨幣を媒介としてのみ領有する。すなわち貨幣とは、このような不可視の協業的分業の、彼らじしんのこの不可視の共同性の、可視的な憑依体（よりしろ）である。*

＊　第Ⅰ部参照

貨幣の力の実体をなしているのは、この協業的分業の力、彼らじしんの不可視の共同性――青年マルクスが「類的本質」の概念として直観したもの――に他ならない。

貨幣物神の帯身する力の実体はこれで明らかになったとしても、それだけではなぜこの実体が、このような物神性として、諸個人にたいしてよそよそしく対象的な支配力としての形態をとって存立するのかという問題は解かれていない。そしてわれわれは、まさしくこの形態における存立の論理のプロセスを、この商品世界における個人と個人との関係の性格規定を逐次上向しつつ追跡することをとおして、本章では追求してきた。

われわれがこの展開の冒頭において、隅の一石として対照しておいた『ミル評註』の一節のうちの世界では、諸個人の共同性――彼らじしんの協働的分業の力は、このように諸個人にたいし、よそよそしく対象的な力として存立しない。それはこの共同性――交通的分業そのものが、諸個人の感性（Sinn……意味感受性！）自体のうちに、透明に内化されてあるからである。

対照的に、この市民社会における交通的分業の連関が、どの諸個人にとっても疎遠な対象的な力として存立するのは、――いいかえればすべての個人が自己の共同的本質を、物象の力としての物神性として自分から疎外するのは、彼らが相互に疎外し収奪し合う者として、普遍的に対峙しあっているからである。〈疎外↕物神化〉の関係は、単純な直接的な〈疎外↕収奪〉関係の、普遍化的な止揚として存立する。〔市民革命は、前近代的な支配関係の、普遍化的な止揚に他ならない。〕

〈価値形態論〉とはこのような市民社会の、相互に〈主《ヘル》〉となり〈奴《クネヒト》〉となる諸個人相互の、修羅場の論理の「商品語」における表現に他ならなかった。直接的な形態の疎外としての〈疎外↕収奪〉の関係が、このように相互性として、かつ普遍性として存立することによって、媒介された形態の疎外としての、〈疎外↕物神化〉の関係へと高次転回してゆく必然性の論理を、われわれはそこに透視しなければならない。

本源的市民社会とは、〔すなわちその経済形態に即していえば、単純な私的所有の関係とは〕万人が万人にたいして、自由にかつ平等に収奪し疎外しあう関係である。その対極に可視的な人格的収奪者をもつ疎外ではなく、物神化ということこそが、この社会に固有の疎外の形態をなしているのは、もともと物神化ということが、私的な労働＝所有者たちが、その無数の他者たちとの間に形成する、この相互的、かつ普遍的な〈疎外↕収奪〉関係の物象化に他ならないからである。

四　市民社会的回路の転回

――第三水準・物象化的な収奪――

このように市民社会は、その本源的形態においてすでに、〈疎外↕収奪〉の関係をその潜勢的契機として内包している。すなわちこの社会形態における経済関係の原基形態をなす〈譲渡をとおしての領有〉は、第一に自己の労働による、疎遠な他者の欲求の充足であり。第二に自己の欲求の、疎遠な他者の労働による充足である。それはこのように潜勢的には疎外であり収奪であるが、それが直接に顕勢的な〈疎外↕収奪〉の関係として現われないのは、第一にそれが相互的であり、第二にそれが普遍的であって、特定の個別的他者にたいしてではないからである。

すなわち商品―貨幣関係の原基をなす〈譲渡をとおしての領有〉が、ただちに〈疎外↕収奪〉の関係を形成することを抑止するのは、それがこのように一般的な力の均衡《バランス・オヴ・パワー》として存在するからである。この力の均衡が破綻するとき、あるいははじめから存在していないとき、それはいつでも現実的な〈疎外↕収奪〉の関係に転化する潜勢力を秘めている。すなわち個々の私的所有者は、その現実的条件さえあれば、いつでも一方向的な収奪者に転身することにやぶさかではない。

しかしこのような転身のための現実的条件は、市民社会の意識化された関係行為の原理そのものからは、直接には出てこないはずである。すなわちこの市民社会の関係行為の原理とは、各人がその自由な意思にもとづく契約においてのみ、相互にかかわり合うからであり、だれもみずからの自由な意思で、一方向的な〈奴《クネヒト》〉となる者はいないからである。

このことをその経済形態の位相でみるならば、かの転身の条件は、この市民社会の表層を形成している、流通の平面自体においては、原理上は存在していない。市民社会の経済的関係原理は等価交換の関係であって、したがってそこに、不等価交換としての収奪の関係は存立しえない。ただ能力あるいは勤勉において秀でた者のみが、そのより大きな対社会的寄与とひきかえに、より大きな富を獲得するにすぎない。——と、いうことが、この市民社会のイデオロギーである。

しかし現実に、この市民社会のただ中に、しかしこの市民社会の原理そのものに立脚しつつ、収奪の関係は再現している。それは等価交換としてなされる関係行為が、その行為事実的な帰結として不等価交換に転回するような、事実的過程が存在するからである。同じことを逆の側からいえば、この市民社会の原理の上に、収奪の関係が存立しうるとすれば、それは直接に人格的な支配力を媒介としてではなくて、物象化された過程のメカニズムを媒介としてしかありえないということである。

そしてこのような転回を存立せしめる現実的な条件こそは、労働力の商品化とこれにもとづく、剰余価値の生産に他ならない。

労働力商品の売買において、資本家はもちろんのこと、労働者もまた、その自由意思にもとづいて、等価交換として関係行為する。〔労働力商品の価値どおりの実現が現実にはなされていない等の問題はさておいて、原理上はそうである。〕このようにして資本家に領有された労働力はしかし、それ自体の価値以上の価値を生産することによって、剰余価値を資本家の所有として生産する。

彼の労働時間のうちの「必要労働」時間分のみはたしかに等価として受取っている。この部分に関してのみは〈等価の譲渡をとおしての等価の領有〉という、市民社会的な交通の原則が成立している。けれども「剰余労働」時間に関しては、これを無償で資本家に収奪される。すなわちこの部分に関しては、労働者のがわからみれば〈領有なき譲渡〉（内化なき外化）であり、資本家のがわからみれば〈譲渡なき領有〉（外化なき内化）である。

この収奪は、市民社会の流通の表面においておこなわれるのではなく、この社会の「私的な」領域としての、生産の（直接的生産過程の）地層においておこなわれる。だから両者はあくまでも、その交換行為においては、自由な意思にもとづいて、等価交換として関係行為する。けれどもそれは、価値増殖能力そのものの譲渡―領有であることによって、事実上の不等価交換として、収奪として帰結する。

ここで資本家はこの収奪を、その直接に人格的な支配力によっておこなうのではない。それは資本の胎内に労働力が内化され、不変資本としての労働諸条件と関係づけられることを媒介としてなされる。すなわち生きた労働力にたいし、これを内化し意味づける主体として対峙する物象としての、資本の物神性こそが、資本家の支配力の実体をなすものに他ならない。すなわち資本↕賃労働の関係は、〈疎外↕物神化〉の関係であると同時に、またそのことをとおしての〈疎外↕収奪〉の関係である。

市民社会の本源的な所有の法則としてのかの〈労働をとおしての所有〉が、この資本関係の中でその反対物に、すなわち〈労働なき領有〉としての収奪の関係に転回しているということは、資本をその循環の流れにおいて総観するならばいっそう明瞭となる。

すなわち資本家がその資本の規模を、少なくとも同規模において維持しつづけようとするならば〔資本の単純再生産〕、少なくとも彼の個人的消費のために費消した分だけは、各循環において領有した剰余価値のうちから補塡しておかねばならない。このような剰余価値の資本への転化なしには、彼は幾循環かののちには、その資本をすべて食いつぶしてしまい、もはや資本家ではなくなるであろう。〔個人的消費分が彼の資本化されていない財産から支出されるとしても、この資本化されざる財産が無限大でないかぎり、もちろん結果は同じことである。〕この過程が〔現実に大資本においては通常的であるように〕拡大再生産としておこなわれる場合には、この剰余価値の資本への転化はいっそう急速である。したがって幾循環かののちには、元本たる資本自身が、過去の諸循環において剰余価値として収奪された価値によっておきかえられている。このとき以来、幾＋《プラス》一回目の循環の最初における、労働力商品の購買は、労働者階級自身の過去の労働の生産物を、現在の労働の力能と交換すること、すなわち彼らの対象化された労働を、対象化する労働と交換する過程にすぎない。すなわち資本家は、この幾＋《プラス》一回目の流通過程への登場においては、彼自身の労働の成果は何ひとつ譲渡することなしに、他者の労働力を領有することになる。

このようにして「商品生産と商品流通とにもとづく領有の法則または私有の法則は、この法則自身の内的な不可避の弁証法によって、その反対物に転化する。（略）〔両者の〕交換という関係はただ流通過程に属する外観でしかなくなる。（略）形式は労働力の不断の売買であるけれども、その内容は、資本家がたえず等価なしに領有するすでに対象化されている他者労働の一部を、くりかえしそれよりも多量の生きた他者労働ととりかえるということである。（略）所有と労働との分離は、外観上両者の同一性から出発した法則の必然的な帰結となる。」「このような結果は、労働力が労働者自身によって商品として自由に売られるようになれば、不可避的である。しかしまた、そのときはじめて商品生産は一般化され、それが典型的な生産の形態となる。（略）商品生産が固有の内在的諸法則にしたがって資本制的生産に成長してゆくにつれて、同じ度合いで、商品生産の所有法則は資本主義的領有の諸法則へと転回する。*」

＊　K.I. (*Werke*, Bd. 23) SS. 609 f. 全集第二三巻、七六〇ページ。

このようにその循環の過程の中で、領有原則の転回はその意味を明らかにするとはいえ、この転回自体がこの循環によって存立するのではない。それはあくまでも、それぞれの循環の内包する直接的生産過程における、前述の剰余価値生産そのものにおいて、すでにおこなわれていたものである。

すなわち市民社会における、商品生産一般の所有原則の、収奪関係への垂直化（転回）の秘密をその最深部において支えるメカニズムこそ、剰余価値生産の機制に他ならない。

このようにこの転回は、労働力が商品化されているかぎり必然的である。したがってこの転回のための現実的な条件は、自己の労働力能の販売以外には生活の方途をもたない、階級としての労働者の存在である。このような労働者階級の始原的な創出の過程が、「農村民からの土地の収奪」を中心として、労働主体をその労働の客観的諸条件から剥離する、「本源的蓄積に先行する諸過程」であることもいうまでもない。しかしこのような関係がいったん始原的に形成されると、資本関係はみずからこの前提自体を再生産する。

すなわち各々の循環の帰結において、ふたたび労働者階級を、その労働の客観的諸条件（社会的生産手段）から疎外された人口として、したがって自己の労働力能を販売すること以外には生活の方途をもたない人口として再生産する。

資本の周期的な膨張―収縮と、その有機的構成、技術的形態の変化はさらに、このような（自己労働力を販売する）必要をもちながらこれを充足しえない人口――相対的過剰人口を、資本にとっていつでも自由に収用しうる人的資源のストックとして存在せしめる。

資本制的な蓄積の法則は、みずからの弾力的運動のための空間として、このような相対的過剰人口のたえざる創出を核心とする、固有の人口法則を自己の対極に存立せしめることを媒介として貫徹する。

だがそれにしても、この〈相対的過剰人口〉という概念の内包する意味の回路を、明確に把握しておかねばならない。人間が「過剰である」とはどういうことか、何に相対して過剰であるのか。――いうまでもなく、資本の増殖欲求にとって人間が過剰であるということである。ここで意味づける主体は資本の側にあり、人間は意味づけられる客体として存立する。すなわち人間は、みずからの労働と交通の回路においてうみだした資本によって、逆に存在（生存！）そのものの意味を規定されるものに転位し、この物象としての資本を、みずからの存在の意味を規定する主体として物神化する。

だからこの社会における〈人口法則〉が、この法則の特定の局面において、あるいは特定の質の労働力にかんして、相対的過剰人口（「人手不足」「技術者不足」等々）として現われたとしても、その本質的な意味に変りはない。

資本制的〈人口法則〉におけるこのような意味論的な転位は、たんなる修辞的あるいは簡略的表現の問題ではない。それはたんなる一人の哲学者の意識、あるいは人びとの共同の幻想の内部での転位ではない。

すなわちこのような表現や視座構造を、「人間本位的《ヒューマニスティック》」な覚醒によって転換すればただちに解消するという次元のものではない。それは現実に人間たちが、資本の要請するような労働力としてみずからを定在せしめないかぎり、その存在の現実的な諸条件を失うという客観的な構造の転倒性としてある。

事実発達した資本主義国の人間は、幾世代もその幼時のうちから、このような労働に耐えかつ適合するような「人材」として、陶冶され成形される。これら諸国の資本家がその外部の世界に、工場を建設し現地労働者を就業せしめようとすると、その自明のこととして期待する基礎的な陶冶そのもの――時間を分単位で遵守しながら、日照時間の大半を労働に従事するという習性、等々――さえも彼らがあまりにも欠如していることに当惑させられる。それはほとんど「文化人類学的」な関心をよぶほどである。

しかしこのような勤勉性の故国とされ模範とされるイギリス国民においてさえ、その資本主義形成期には、このような、たんに外的な目的性のために勤勉に労働するという習慣でさえ、いかに暴力的な立法において強制されねばならなかったかを、マルクスはその「本源的蓄積」論の中でのべている。*

* 例。ヘンリ八世。一五三〇年。労働能力のある浮浪人は、法規により荷車のうしろにつながれ、血の出るまでむち打たれた上、宣誓をして「仕事につく」(to put himself to labour) ようにさせられる。エドワード六世。「一五四七年の一法規は、労働することを拒むものは彼を怠惰者として告発した人の奴隷になることを宣告される、と規定している。……この奴隷は、一四日間仕事を離れれば終身奴隷の宣告を受けて、額か背にS字を焼きつけられ、逃亡三日目には国にたいする反逆者として死刑に処せられる。」「エリザベス時代には『浮浪人たちが列をなして絞首刑にされた。』」等々、等々。「こうして、暴力的に土地を収奪され追い払われ浮浪人にされた農村民は、奇怪な恐しい法律によって、賃労働の制度に必要な訓練を受けるためにむち打たれ、焼印を押され、拷問された。……資本主義的生産が進むにつれて、教育や伝統や慣習の力によってこの生産様式の諸要求を自明な自然法則としてみとめる労働者階級が発展してくる。」(『資本論』第I巻二四章三節、K. I. (*Werke*, Bd. 23) SS. 762–5. 全集第二三巻、九六〇―三ページ。)

資本の諸要請に適合するという人間たちの資質は、たしかに「民族的資質」として存在するかもしれないけれども、このような「民族的資質」自体が、民族それ自体と同様、歴史的形成物である。かの進出資本における現地監督者たちの当惑は、彼らの故国ですでに自明化し、その近代市民社会の存立の内的な要件にまでなっているこれらの人間性そのものの、歴史的な性格を逆照射しているにすぎない。

百人の人間集団のうち、最も怠惰な二人のみが飢えて死なねばならないという法則は、百人の集団すべてを勤勉に向って駆りたてるだろう。「相対的過剰人口」の問題はたんに、結果として定在する人口の数パーセントの「失業者」の問題ではない。この法則の現実的な意味の射程は、一国の労働者階級の全体を、たえず資本の要請に適合するものとして、自己陶冶し自己成形せしめる無言の圧力として作用すること、すなわち彼らを、この資本物神によって〈意味づけられるもの〉として、現実にみずからを定在せしめるということにある。

「対象的な富が労働する人間の発展欲求のために存在するのではなく、反対に労働する人間の方が、現存の価値の増殖欲求のために存在するような生産様式においては、このようであるほかはない。人間は宗教においては、自己自身の頭の産物に支配されるが、同様に資本主義的生産においては、自己自身の手の産物に支配される。」(『資本論』第I巻二三章「資本主義的蓄積の一般法則」首節の結語。)*

* K. I. (*Werke*, 23) S. 649. 『全集』第二三巻八一〇—一ページ。ここにわれわれは、その「初期」における疎外論、「中期」における領有論・転回論をつらぬくマルクスの生涯的なテーマが、ここ『資本論』蓄積篇において、経験科学的な内実をもって結実しているのをみる。なお、周知のように、「蓄積の法則」と題されたこの章の主題が、他ならぬ相対的過剰人口論である。〈蓄積法則〉の疎外論的内実としての〈人口法則〉。

すなわち資本の蓄積こそは、物象化としての疎外をとおしての、ふたたびあらたな収奪としての疎外の水準、いわば疎外の第三水準の現実的な定在の様式である。

ここで(Ⅰ)〈賃労働↕剰余価値生産〉の関係は、この水準における疎外の内面的な存立のメカニズムをなし、(Ⅱ)〈人口法則↕蓄積法則〉の表裏的双対性は、この存立のメカニズムの総括的な定在の様式である。

すなわちこれを(Ⅰ)単位的にみれば、直接的生産過程において、個別資本の胎内に内化された労働としての〈疎外された労働〉が、他者の領有としての〈剰余価値〉をつむぎ出す過程であり、(Ⅱ)連関の総体においてみれば、流通、消費過程をもふくむ総体的生産過程において、固有の〈人口法則〉をその運命として共有する階級としての労働者が、その存在の総体を、社会的総資本の運動の論理のうちに内化されてあることによって、資本物神の「自己増殖」としての蓄積を貫徹せしめる過程に他ならない。

五　資本制社会の存立構造

前章では、〈物象化された収奪〉の水準における疎外の形態としての資本蓄積の関係を、(I)直接的生産過程におけるその内面的な存立の機制としての〈賃労働―剰余価値生産〉の過程、および(II)総体的生産過程におけるその総括的な定在の様式としての〈人口法則―蓄積法則〉の表裏的双対性という、立体化された構造として把えてきた。

本章ではこのそれぞれの次元の展開をふまえた上で、いわば収奪の再物象化過程としての、資本制世界総体の存立構造を追求してみよう。

I

すべての安定した収奪の体制がそうであるように、資本制的な収奪の体制もまた、〔共時的および通時的な〕協働連関の発揮する固有の力が、この協働を媒介する客観的な諸条件の私的な占有ということをとおして、私的に領有されるということにおいて成立つ。

資本制生産の初期の段階においては、共時的協働の力の領有がその収奪の主要な形態をなして

いた。（単純な協業、および分業的協業の古典的な姿としてのマニュファクチュア）
けれども資本制的な収奪を固有に特徴づけるのは、その本格的な段階における収奪の主要な形態をなしている、通時的（歴史的）協働の力の領有に他ならない。すなわち、過去の労働者の労働の対象化である生産手段を媒介とすることによって、現在の労働者の労働の発揮する数乗化された力を、〈相対的剰余価値〉として領有する形態である。

階級的収奪一般の媒介としての、労働の客観的諸条件の占有が、資本の〈不変資本〉部分を構成するということ、またこの労働諸条件のうち、資本制的な収奪の形態を特色づける、高度に発達した、かつ発達しつつある生産手段が、この不変資本のうちの〈固定資本〉部分を構成するということは、あらためて確認するまでもない。すなわち資本制的な生産の様式においては、この固定資本としての機械〔さらに装置〕が生産の主導的な要因となって、労働の主体をふくめた他の一切の要因を要素化し再編成する場の主体となる。

「労働手段は、資本の生産過程の内に吸収されると、さまざまな形態変化をとげて、最終的には機械、あるいはむしろ、一個の自動的な機械装置のシステム（automatische System der Maschinerie）となる。*」そしてこのとき、労働の主体がその労働手段を用いて対象に働きかける、という労働の本源的な構造は、すでに転倒されている。ここでは労働者の活動は抽象化され、「この機械装置の運動によって〔受動的に〕規定され、規制されている。**」すなわちそれは、もはや労働の過程の総体を規定し、規制する主体ではない。「科学はいまや、労働する主体の意識のうちには存在せず、機械をつうじて労働者にたいして疎遠な力として、機械それ自体の力として作用する。」***このようにして生産過程は、「労働が労働過程を支配する統一としてこの過程を包摂するという意味での労働過程ではなくなっている。〔ぎゃくに労働は〕機械装置それ自体の総過程のあいだに分散され、包摂され、体系のたんなる一分肢となり、そしてこの体系の統一性は、生きた労働者のうちにではなく、機械装置のうちに実在する。」****

*—**** *Grundrisse der Kritik der Politischen Ökonomie*, Dietz (1953). SS. 584f. 高木幸二郎訳『経済学批判要綱』（大月書店）第Ⅲ分冊、六四四—五ページ。（以下同書は単に「*Gr.* SS. 584f. Ⅲ、六四四—五ページ」等々と略記。但し訳文は必ずしも同訳書に依らない。）

〈対象化された労働による生きた労働の領有〉という資本の概念は、このように物神化された機械装置の体系による労働者の内化ということのうちに、その可視的な定在をもつ。同時にこのことと双対的に、〈疎外された労働〉としての賃労働の概念もまた、この機械装置のまえに、解体され要素化され意味を奪われた労働のうちに、その可視的な定在をもつ。

けれどもこの〈疎外された労働〉としての賃労働の把握において決定的に重要なことは、つぎの二つの相矛盾する規定の統一性としてこの労働の形態を把握することにある。

第一にそれは、資本の胎内に内化されている、その物質性の過程の一環として要素化され、自立的な意味を奪われた実践である。この点はすでに確認されてきた。

しかし同時に、それはあくまでも労働であり、主体的な活動、実践であり、そうであればこそ、それはその他の資本の諸要素――不変資本のいかなる要素とも決定的に異って、価値を創出し、したがってまた、剰余価値を創出する源泉となることができる。

サルトルが人間的実践の構造についてつぎのようにのべていることは、この極限まで疎外された実践においてさえ、まったく同様に妥当している。

「たしかにのりこえられるべきすべての物質的な事情は、そののりこえとしての未来に一定の内容を課しはする。それは一定の可能性を制限し、また最終の結果を特徴づけることになる一定の道具性を提供する。しかしながら、この未来はこの物質的事情によって産み出されるのではない。未来がそれに来るのはあくまでも人間によってである。そしてそれ〔物質的事情〕が未来において意味として保存されるとしても、それは未来がそれと等質であるかぎりにおいてではなく、反対に、人間的実践がそれを（のりこえられつつ保存されるものとして）この未来の中に投企することによって、人間的未来という性質をそれに与えるかぎりにおいてである。*」

＊ *Critique de la Raison Dialectique*, 竹内芳郎・矢内原伊作訳『弁証法的理性批判』（人文書院）第一分冊、二八〇―一ページ。

労働の物質的な条件としての不変資本のさまざまな要素（機械や原材料、等々）は、労働の生産物に対して一定の内容を課する。それはその可能性を限定し、その最終の成果を特徴づける媒体を提供している。しかしながら、この生産物はけっして、不変資本によって産み出されるのではない。それが生み出されるのは人間によってである。そして機械や原材料が、生産物においては価値として保存されるとしても、それは生産物がそれらと、等質の物質性であるかぎりにおいてではなく、反対に、人間の生きた労働がそれを、(のりこえられつつ保存されるものとして)この生産物の中に統合することによって、人間的労働の生産物としての性質をそれに与えるかぎりにおいてである。不変資本の価値の「移転」とは、このような流動する再生産〔蘇生〕の過程に他ならない。

にもかかわらず、(サルトルがこの同じ個所で強調するように)価値を形成する労働のこの生きた運動の総体性が、まさしくこの生きた活動としての規定性そのものにおいて、資本の全体的な運動に、あらかじめのりこえられてあること、このことのうちに、賃労働の概念はある。賃労働を〈疎外された労働〉として了解することは、資本制生産様式への批判的な感性を表現している。けれどもそれを、〈疎外された労働〉としてふたたび了解することがなければ、この生産様式の存立のダイナミズムは把握することができない。

「生きた労働は、対象化された、死んだ労働を増殖し、それに生命をあたえる精気《ゼーレ》をふきこみ、そしてそれで自分自身の精気を喪失するための、たんなる手段としてあらわれる。*」

＊　*Gr. S.* 365. Ⅲ、三九七ページ。

しかしこのように精気をふきこむことができるのは、それがまさしく生きた労働であるからである。

〈疎外された労働〉とはこの意味で、正確には自己を〈疎外しつつある労働〉であり、みずからを疎外する契約によって規定された労働である。

　このようないわば機械－内－実践としての労働の両義性について、サルトルはある工場の労働者意識の調査を分析している。半自動的な機械に従事する女工たちは働きながら、性に関する夢想に心を任せていたことが知られる。もちろんこの反芻はさまざまな様相をとることがありうる。「女は前日の快楽を想起することも、翌日のそれを夢想することも、読書のさいに感じとられた性的な動揺をはてしなくかきたてることもできる。また彼女は性的なものからのがれて彼女の個人的条件の苦味を咀嚼することもできる。本質的なことは、これらの夢想の対象が同時に主体自身であること、たえず執着が存在することである。＊」それは半・意識的な夢想でなければならない。「もし女が夢想から醒め、彼女の夫や恋人のことを考えるならば、労働は停止するか緩慢となってしまうのである。＊＊」男たちはエロティックな夢想に傾くことがより少ない。「それは彼らが〈第一の性〉、能動的な性だからである。＊＊＊」また女工たちは作業中、彼女の子供たちのことを実際的には考えられない。彼女は子供たちとの関係において能動性であり、したがってそれは労働を停止させるだろう。「女工は性的耽溺を考える。なぜなら、機械は彼女が彼女の意識的生活を受動性の中に生き、柔軟で予防的な警戒心を保ち、活動的思惟の中に動員されることが決してないようにすることを要求するからである。****」「彼女たちの労働によって要求される種類の注意は、じっさい、彼女たちに気を紛らせること（他のことを考えること）も、精神を完全に〔その作業に〕適用すること（思惟はここでは運動を緩慢にする）をも許さなかった。機械は機械を完成するところの逆転された半自動性を人間において要求し創造する。*****」

*——****　『弁証法的理性批判』前掲訳書、二七八—九ページ。

女工は完全な自動性であってはならない。しかし同時に、完全な精神性であってもならない。完全な自動性であるとき、彼女は可変資本としての固有の存在意義を失う。しかし完全な精神性であるとき、彼女は機械のリズムに適合することができない。「半自動性」としての半精神性。モノでなく人間でなければならないと同時に、人間であってはならないもの。機械はそのあらがいようのない律動をもって、それに従事する人間たちを、このような両義性として成形する。

人間は純然たる受動性であることを要求されるのではなく、能動性でありながら受動性であることを要求される。純然たる対象性であることを要求されるのではなく、主体性でありながら対象性であることを要求される。それだけに主体の解体はいっそう内奥にまで浸透する。

現代資本主義における労働者管理理論の形成の発端をなしたのは、いわゆる「ホーソーン実験」である。ホーソーン実験とは、ＡＴＴＣ（アメリカ電信電話会社）系列のウェスタン・エレクトリック社ホーソーン工場において、ロックフェラー財団の援助のもとに、ハーバード大学の事業経営学院の協力により、一九二四年から（狭義には二七年から）三二年まで、じつに八年間（狭義には五年余）の年月をかけてなされた、一連の諸実験の総称である。

ホーソーン実験の前期的段階（一九二四―二七）をなした「照明実験」は、それ以前の先端的な労働力管理論であった「科学的管理法」（テーラー・システム）のそのままの延長線上にあった。「科学的管理法」（テーラー・システム）とは周知のように、たとえば労働者の労働を個々の要素的な動作にまで解体し、各動作を最も効率的な手順に規格化して再構成する、あるいは労働者の個々の動作や休憩時間までストップ・ウォッチをもって測定し、最も効率的な時間の配分を構成すると同時に、標準作業量を決定する〔動作研究《モーション・スタディ》、時間研究《タイム・スタディ》〕というように、労働者を徹底的に物在化して認識しかつ操作する管理法である。

それはたとえばルカーチがその物象化理論において展開しているような＊、資本主義的に合理化された生産過程における、労働の有機的統一性の解体、主体の有機的時間性の解体ということを、露骨にかつ率直に可視化して実現する管理法であった。（「モダン・タイムス」！）

＊ "Verdinglichung und das Bewusstsein des Proletariats",（城塚登・古田光訳『歴史と階級意識』（白水社）所収、「物象化とプロレタリアートの意識」）第一章の前半。

「照明実験」はこのような労働者の物在化的な抽象にもとづいて、人工照明の種々の強度と生産能率との相関を「科学的に」追求しようとしたものである。

しかしその結果としては、どの実験集団も、また対照集団までもが一様に能率を下げ、所期の目的からすれば実験は失敗に帰した。けれどもこの失敗をとおして、それは経営のイデオロギーに一つの転回をもたらした。それは労働の能率を規定する基本的な要因として、「人間的」な諸要因の不可欠の介在性を経営者に予感せしめて、一九二七年以後の、勝義のホーソーン実験への口火となった。「それはアメリカ的なやり方ではない」(『恭々しき娼婦』)というわけである。

継電器組立実験、面接調査計画、バンク捲線作業観察をその三本の主柱とする五年余にわたる実験調査の結果、物理的作業条件以上に、生産能率を左右する要因として、①労働者の「感情的・心理学要素」および②その「集団的・社会的要素」の存在が確認される。*

* 包括的な報告書は Roethlisberger, J. and Dickson, W.J., *Management and the Worker*, 1939.

要するにわが経営者は、八年の年月と、二一、一二六人の面接調査をふくむ厖大な実験調査をとおして、労働者が人間であるという画期的にめずらしい発見をしたわけだけれども、それは現代の労務管理の基本的な手法としての、ヒューマン・リレーションズ、カウンセリング、「決定参加」、レクリエーション、およびその他の福利厚生施設、等々を基礎づける経営の「哲学」を形成している。この経営の「哲学」はふつう、「人間中心的な思考」(human-centered thinking)

というふうに称されている。

労働力商品を人間主体から切断された機械的な力能として抽象化する「科学的管理法」から、労働者の「全人間的」な把握としての「人間管理」法への転回の画期をなしたこの実験は、経営のイデオロギーのこの転回そのものの意味を凝縮して体現している。この実験のなりゆきは、二つの視点から同時に把握されねばならない。第一にこの実験の全体は、その前期的段階としての「照明実験」の挫折をとおして、すなわち「科学的管理法」の自己転回としてあったということ、そしてその最後の段階にいたるまで、原則的な従属変数は（つまり問題を総括する軸は）、あくまでも生産の能率ということにあったということ。すなわちこの実験の全体をつらぬく問題意識は、あくまでも生産性にあり、〈人間中心的な思考〉は、この意味づけの磁場にあくまでも包摂されたものでしかないということ。しかし第二に、このような資本の論理をまさに貫徹させるためには、労働者を物在化する「科学的管理法」は必然的に挫折せざるをえず、それはこの「人間中心的な思考」へと自己転回せざるをえなかったということ。それは労働力商品が、たんに主体的なるものの客体化であるのではなく、主体でありつづけながら同時に客体であらねばならないという矛盾であるからであり、しかもまさしくこの矛盾そのものが、資本制的な生産の存立のダイナミズムを、その最深部において支えているからである。

II

われわれは前節において、直接的生産過程における、資本の胎内に内化された労働者の疎外の構造を検討してきた。労働力商品がまず、物格化された対象性として規定されるかぎりにおいて、それはさしあたり、労働者の人格からきりはなされた、機械的な労働力能の疎外の進行としてあらわれる。けれどもそれが、同時に主体性であり能動性でありつづけることを要請されているかぎり、この労働における疎外は、結局のところ、労働者の人格性そのものをまきこみ、この人格性における疎外＝資本の論理による包摂として、存在の総体にまで浸透せざるをえない。このような疎外＝被内化の総体性は、われわれがさらに、流通過程、消費過程をもふくめた、総体的な再生産過程を視野に収めるときに、いっそう明白なものとしてあらわれる。

周知のように資本の再生産過程は、つぎのような循環の形態をとる。＊

G——W……P……W'——G'═G——W……P……W'

貨幣資本の循環（G——W……P……W'——G'）

生産資本の循環（P……W'——G'═G——W……P）

商品資本の循環（W'——G'═G——W……P……W'）

＊『資本論』第Ⅱ巻第一篇。「資本の諸変態とその循環」

けれどもこの循環過程は、じつは労働力商品としての人間的労働力そのものの再生産過程によって相補されることではじめて、現実に存立しうる。

この労働する主体そのものの再生産の過程は、資本の再生産の過程とは一応別個の循環を形成しながら、しかも相互に他を前提し合うかたちで、双対的に存立している。資本と労働の再生産のこのような双対的な存立を、われわれはつぎのように表式化しておこう。〔第一図〕

〔第一図への補註〕　資本の再生産過程における［…K…］、労働力の再生産過程における［…P…］が、それぞれ［　］で括られているのは、資本にとっての、「使用価値の特定種類への無関心」、およびこのことと双対的に労働者にとっての「労働の特定種類への無関心」を示す。＊（資本の移動、および労働力の移動の自由性の前提。）すなわち一般に資本にとっては、その生産する商品が売れさえすれば、それがどのように使用されるかに関しては無関心であり、したがって消費過程［…K…］は、資本の固有の循環からは疎外されている。このことと双対的に、労働者の生活の再生産過程においては、生産過程［…P…］は、（「生活のために働く」といった言い方にみられるように、）それ自体は「生活」ではないものとして、〈生活のための非生活〉として、その固有の生活の過程から疎外されている。

＊　K. III, (*Werke* Bd. 25) S. 205.　全集第二五巻、二四六ページ。

この双対的な表式は、労働者階級の生活構造論を、資本制社会の体制的な把握のうちに基礎づける。資本の運動に規定されつつ、労働者階級の生活過程は、彼自身のものでない生産の場における労働と、労働を疎外した消費の場における享受とに分裂するが、このことは彼の生活時

第一図

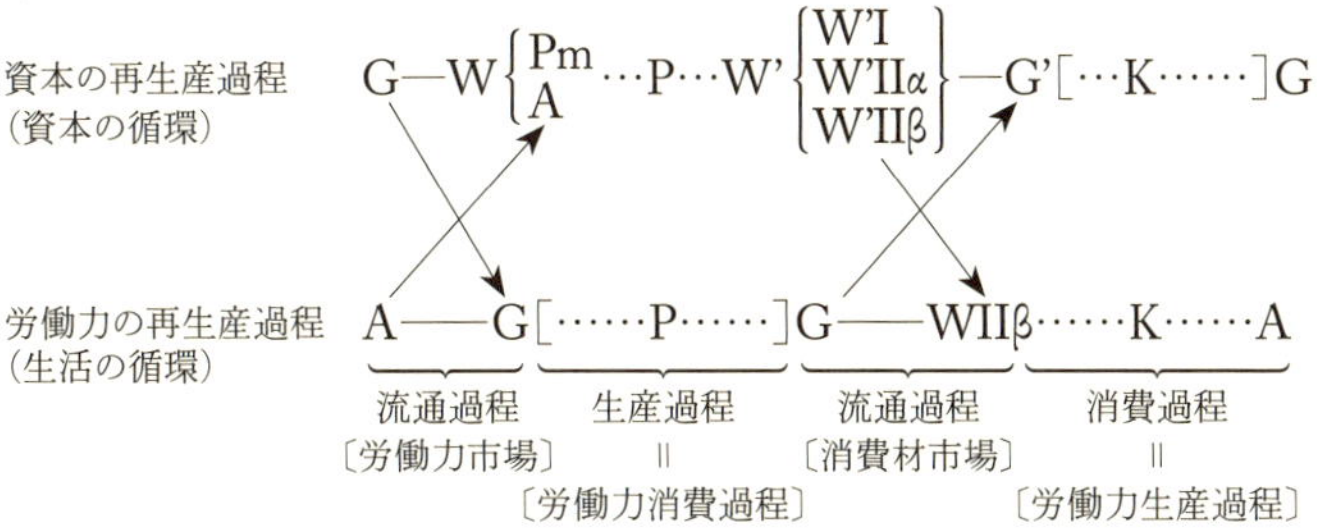

〔注〕 G：貨幣、W：商品、Pm：生産手段、A：労働力、
W'：〔生産過程の結果としての〕商品、W'I：生産財
{W'IIα：資本家階級に消費される消費財 W'IIβ：労働者階級に消費される消費財}　{P：生産過程 K：消費過程}

間、および生活空間を、「労働と余暇」「職場と家庭」等々の、自立した各領域へと分解する。

このような各領域を循環する生活の再生産過程における、労働者の疎外＝被内化の機制の存立する構造をつぎに追求してみよう。

まず生産過程において、労働者の資本の胎内への内化ということが、労働者の主体的活動性を消去するものでは決してなくて、まさしくこの主体的活動性そのものの内化として存立すること、そこにおける労働者の客体化が、まさにみずからの主体性そのものを媒介とする客体化として貫徹することを、われわれはすでにみてきた。（第I節）

これと同様の機制の存立を、われわれは流通過程においてふたたびみることになる。労働力商品を売るというひとつの実践は、自由な意思においてなされる。労働者は職を求める。みずからの労働力を売る。売ろうと意思する。「売りたがる」。売る主体である。けれどもそれは、それ以外に生活の方途をもたないからである。求職する労働者たちがみずからの自由な意思でその労働力を売るとき、この自由な意思そのものが、その存在によって内容を規定されている。たしかにこの実践もまたひとつの〈のりこえ〉である。飢えあるいは予想される飢えというひとつの現実ののりこえである。しかしそののりこえの仕方はあらかじめ決定されている。すなわち彼が資本のもとで、活動する資本の胎内でその要素《エレメント》として労働する以外にはないというふうに決定されている。それはあらかじめのりこえられているのりこえである。

　彼はさまざまの雇主を選ぶことができるが、いずれかの雇主を選ばなければならない。彼はその個人的実践の自由をとおして、みずから階級としての運命を現実化する。ここでその自由な意思は、客観的な社会過程の必然性の貫徹する形式にすぎない。

　それはかの生産過程において、労働者の労働が疎外されており、したがって労働者はその生産する富から疎外されており、彼はその労働力そのものの再生産に所要する価値しか受取らず、したがって自己をふたたび、たんなる労働力として、この潜勢的力能を現実化する媒体としての客観的労働諸条件（社会的生産手段）から疎外されたものとして、再生産するからである。すなわち労働者は、「みずからを資本家に売るまえに、あらかじめ資本に所属している。*」

＊　K. I. (*Werke*, Bd. 23) S. 603. 全集第二三巻、七五二ページ。

労働者がその自由な主体的実践それ自体をとおして、みずからの階級的存在を現実化するというこの構造は、さらにその消費過程をも貫通する。労働者の主体的力能が、資本の胎内においてその不変資本と結合することによってしか現実化されえないものとして再生産されるかぎりは、労働者の生活の再生産過程自体が、そのまま資本の再生産＝蓄積過程の契機として包摂されざるをえない。

彼はその自由な意思にもとづいて、家計支出の配分とその優先順位をきめる。けれどもそれはまず第一に、彼自身の身を養うこと、（食費、およびその他の最低限の生理的必要物資）、そしてその家族を養い、次代の労働力を再生産することに費されることになる。彼はそのことを、彼自身の自由な意思にもとづいて、すなわちその主体的な欲求にもとづいておこなう。しかしその客観的な帰結は、資本の再生産＝蓄積過程の前提をたやすことなく再生産しつづけることにある。

なるほどそれは、労働者自身にとっても欲求の充足であり、幸福の追求である。けれども「役畜の食うものは役畜自身が味わうのだからといって、役畜のおこなう消費が生産過程の一つの必然的な契機だということに変わりはない。」すなわち「労働者は自分の個人的消費を自分自身のためにおこなうのであって資本家をよろこばせるためにおこなうのではないということは、すこしもことがらを変えるものではない。」「労働者階級の不断の維持と再生産も、やはり資本の再生産のための恒常的な条件である。資本家はこの条件の充足を安んじて労働者の自己維持本能と生殖本能とに任せておくことができる。」「このようにして、〔個々の資本家と個々の労働者との関係ではなく〕その社会的立場からみれば、労働者階級は、直接的労働過程の外でも、やはり資本の付属物である。」「個人的消費は、一方では彼ら自身の維持と再生産とがおこなわれるようにし、他方では、生活手段をなくしてしまうことによって、彼らがたえず、くりかえし労働市場に現われるようにする。*」

* K. I. (*Werke*, Bd. 23) SS. 597–600, 全集第二三巻、七四五―七ページ。

サルトルが分析しているドップ工場の女工の堕胎術の事例は、まさしく直接的生産過程における、彼女らのかの性的夢想の構造と対応している。彼女らはその自由な意思と責任において、みずからの胎児を堕ろす。彼女らはそれをみずから欲求し、そして実現したのであった。そして彼女らはみずからの母性を疎外し、資本の要請する労働時間の律動にいつでも即応しうる労働力として、彼女自身を成形し再構成する。同時に彼女は労働者階級の人口を、資本がその再生産をゆるす限界のうちに抑制するという、ひとつの社会的な過程の貫徹に、みずからの肉体を切り刻むことをとおして加担する。

人口の社会的法則が、無数の実存的な決断のひしめきを媒介として貫徹する。

「ドップ工場の女工が、養うことの不可能な子供の出生をさけるために堕胎術を利用するとき、彼女は自分に課せられた運命をさけるために自由な決断をなすのである。しかしこの決断自身が客観的状況によって根本的に偽造されている。彼女は彼女自身によって彼女が既にあるところのものを実現する。彼女は自由な母性たることを彼女に拒むところの既に下されている宣告を、彼女自身に反してみずから下すのである。*」

* 『弁証法的理性批判』前掲訳書、第一分冊、二七九―二八〇ページ。

このようにして労働者階級は、その生産過程においてのみならず、流通過程、消費過程をもふくむ全生活構造において、その存在の総体において資本に内化されている。

たとえば固定資本がその生産の連続性を要求すれば、それは長時間労働、夜間労働、あるいは不自然な交替労働などをとおして、労働者の固有の時間性を解体し、要素化し、再編成し、彼の妻子の生活の構造をも再編成する。資本の「景気循環」がその弾力的運動のための空間として、流動的な半失業者層の存在を要求すれば、不安定な就業形態によって労働者階級の一定の部分の生活構造をその根底から規定する。

資本の技術的特性とその革新が、ある特定の技能あるいは技術をもつ労働力を必要としまた不要とすれば、労働者階級の力能の質をその都度これに見合うかたちで成形し再成形し、調達しまた廃棄する。資本の屈伸運動やその国際的競争が、婦人労働力、年少労働力、中高年労働力等々の吸収や放出を要求すれば、それはこのようなものとしてこの階級の全家族の人生の構造を解体し、再編成する。

労働者階級のこのような〈資本・内・存在〉性は、直接的生産過程においてのみならず、その生活の全構造において、合理化が進展すればするほど、ますますその具体的な定在の様式として顕在化する。

すでに生産過程において、労働者のその生産手段とのかかわりが、「ハンマーと鎌」に象徴されるような、自己の手足の延長として生産手段を使いこなすような労働の様式から、ぎゃくに労働者の方が機械・装置の手足として規定されるような労働の様式へ、すなわち〈機械・内・存在〉ないし〈装置・内・存在〉へと転回してくるということ、さらにその初期の段階において、それ自体としては管理の外におかれた、労働者の固有の人格性そのものまでが、〈管理・内・存在〉化してくることを、われわれはすでに第I節でみてきた。〔〈装置・内・存在〉としての現代ブルーカラーのあり方にたいして、官僚制化された組織に内在する〈機構・内・存在〉としての現代ホワイトカラーのあり方が照応している。（合理化の組織構造への浸透としての官僚制《ビュロクラシー》（M・ウェーバー）。「オーガニゼーション・マン」（W・H・ホワイト）*）〕

* M.Weber, "Die Typen der Herrschaft"（浜島朗訳『権力と支配』有斐閣）、"Bürokratie"（阿閉吉男・脇圭平訳『官僚制』創文社）in *Wirtschaft und Gesellschaft*, G. Lukacs, "Verdinglichung und das Bewusstsein des Proletariats"（前掲）。C.W.Mills, *White Collar*,（杉政孝訳『ホワイト・カラー』創元社）。W.H. Whyte, Jr. *The Organization Man*,（岡部慶三・藤永保訳『組織のなかの人間』創元社）。

労働者が生産者として〈装置・内・存在〉化することとパラレルに、人間が消費者として〈設備・内・存在〉化することをコシークは指摘している。

「人間は、電話や自動車やスイッチを、熟知したもの、自明なものとして操作する。欠如がはじめて、彼に、彼が機能しつつある諸設備の世界、それ自身に結合し、それ自身を指示するひとつの体系であるところの諸設備の世界の内部に生きていることを示す。欠如がはじめて、彼に設備が、単独のものでないこと、……送話器なき受話器、電線なき送話器、電流なき電線、発電所なき電線、石炭（原料）と機械なき発電所は無価値であることを示す。*」

* Karel Kosik, *Die Dialektik des Konkreten*, 花崎皋平訳、『具体性の弁証法』（せりか書房）八三ページ。

電話、地下鉄、テレビジョン――これらの諸設備の体系の中で、人びとの実践の様態は、ヘーゲル的「（超越的）労働《アルバイト》」ではなく、ハイデッガー的な「（内在的）配慮《ベゾルゲン》」の構造をもつものとなる。それらは人びとの快適への欲求をみたし、まさにこれらの欲求それ自体をとおして、人びとをこの体系のうちに内化し、もはやそれなしには存続しえないものとして、人びとの生活を再編成する。

このような合理化の進展による、人間たちの実践のいわば場の構造そのものの再構成と、人間たちの生のその中へのますます深まりゆく内在化とは、生産の現場をこえて、経営の内的な編成をこえて、人間たちの生活の総体的な空間と時間の再編成として展開する。

通勤する労働者たちの郊外団地や都市交通網を含めた都市の総体が、コンビナートや幹線網や空、海の交通網を含めた国土の総体が、この旺盛な資本の運動の論理によって開発され、解体・要素化され、再編成され、形態化される。

このような生活の場の構造の普遍的な合理化を背景として、国家等々によって媒介された資本は、やがて労働者の全生活の構造をシステム化し、その目的意識的な操作と管理との対象として、〈システム・内・存在〉化することを企図する。（全般的なシステム化、〈管理社会〉化！）

このような全般的なシステム化、〈管理社会〉化ということは、それがすみずみまで完成するということはありえぬにしても、それはもともと、労働者たちの自由な意思そのものをあらかじめ捕捉することをとおして、その主体的活動の潜勢力を、自己の固有の活力として内化するという資本制固有の存立の構造を、支配の側から透明化し操作可能《マニジアブル》なものとしようとする試みの極限の像にすぎない。

III

第I、II節では、物神化された資本の増殖＝再生産過程のうちに内化されている、物格化された労働力の消費＝再生産過程として存立する、労働者階級の情況を主題化してきた。つぎにこの節においては、物神化された諸資本の相互の関係として存立する、資本家階級自身の情況を主題化しておこう。

資本家的な生産も商品生産の一形態であるから、自家用の消費物資をその奴隷たちに作らせる古代のある種の奴隷主たちとは異って、直接的生産過程の成果は、個々の資本家の始原的所有をもたらすにすぎず、その終極的所有のためには、流通過程の回路を媒介しなければならない。

〔補註〕生産過程の総括としての〈始原的所有〉と、流通過程の総括としての〈終極的所有〉については、序章第三節「譲渡をとおしての領有」参照。たとえば資本家的領有の論理を追求した『資本論』体系において、第一部（第一巻）は、資本家的生産過程をとおしての始原的領有の理論（剰余価値の生産→蓄積論）であり、第二部（第二、三巻）は、資本家的流通過程をとおしての終極的領有の理論（剰余価値の転形と骨化→収入論）である。

流通過程はもちろんひとつの〈社会性の回路〉*であるが、それは(α)その迂回の必然的に随伴する時間性の次元としての、循環・回転の位相と、(β)その社会性そのものの次元としての、諸資本の集列的相互依存の関係の位相とをもつ。

＊　序章第一節参照。

まずその(α)時間性の次元としての循環・回転の位相において、すでに資本は資本家自身にとってもまた物神化される。〔①資本家自身の功利的実践にとって重要なのは、剰余価値率（m/v）ではなくて利潤率（m/k＝m/c+v）であること。②さらにその功利的実践にとって問題なのは、回転を考慮に入れた利潤の年率であり、不変資本(c)と可変資本(v)との区分よりもまえに、その回転の期間を異にする固定資本と流動資本との区分であり、cとvとの区分もまたこの功利的区分のうちに包摂されること、③剰余価値のこの利潤としての実現は流通過程においてなされること、さらに利潤の年率を規定する回転の期間の短縮も、この流通過程の短縮に左右されること、したがって資本の利潤(剰余価値)は、流通過程において生ずるという外観をおびること。少なくともそれは、生産過程と流通過程とを含む、資本の循環の全過程から生ずるものとして現われること。* ——これらすべての要因は、剰余価値形成の機制を資本家自身の目からもおおいかくしてしまい、これを物象たる資本自身の自己増殖力として現象させること。」

＊『資本論』第Ⅲ巻第一篇。

このような資本の物神性は、さらに(β)諸資本の社会的連関の位相においていっそう高次化される。すなわちそれぞれの個別資本は、各自に最大の利潤率を求めて、さまざまな部門のあいだを自由に移動するのだけれども、まさにこのような各資本家の自由な競争が、どの資本家の意思とも独立な客観的な必然性として、利潤率均等化の法則を貫徹せしめる。* 資本家にたいする平均利潤率の関係は、ルカーチが的確に指摘するように、「『理性の狡智』の構造を完全に示す。」**

＊『資本論』第Ⅲ巻第二篇「利潤の平均利潤への転化」。なお *Gr.* SS. 549f. Ⅲ、六六〇—七ページ、参照。

＊＊ ルカーチ、前掲訳書、三二四ページ。

さらに社会的生産手段のそれぞれの部分の所有者、資本のそれぞれの機能の体現者、循環のそれぞれの局面の担い手たちが、各自自己目的的にみずからの分け前を要求し合う、私的な利害関心の主体として対立し合うことの結果、彼らの功利的実践の視界《パースペクティヴ》の中では、〈地代〉や〈利子〉や〈企業者利得〉や〈商業利潤〉等々の分配諸範疇こそが第一義であって、これらの諸対立において経済世界が了解されるのみならず、現実に経済世界が、このようなたがいに自立化し骨化した剰余価値の諸部分の競合する相互依存の連関として存立する。*

＊『資本論』第Ⅲ巻第四―六篇、第七篇。

物象化の最も基礎的な水準における存立の根拠をなした、かの諸主体の集列性《ゲゼルシャフト》関係そのもの、すなわち私的な主観性相互の外的な相剋という関係は、ここでふたたび、支配階級内部の諸部分の対立および、個別諸資本相互の集列的相剋の関係として、あらたな水準においてあらわれ、高次化された物象化の諸姿態を存立せしめる。

　そして恐慌は、このような諸資本相互の集列的関係が存立せしめる、物神化された「市況」の法則性への、諸資本の自己疎外の端的な表現である。すなわち恐慌の直接的な前提は、諸資本の流通過程における、(α)時間性の位相としての循環＝回転の内的な各局面の、商業資本、貨幣取扱資本としての外化、自立化であり、*(β)社会性の位相としての諸資本の相互関係における、内的に相互依存するさまざまな生産部門の、外的な分立と自立化である。そしてその究極的な根拠は、社会的総生産過程における協働連関が、私的に競合する生産主体の即自的、被媒介的な連関において存立するという構造そのものである。

＊「内的な依存性と外的な自立性とは、〔当事主体を駆りたてて〕内的な連関が暴力的に、恐慌によって、回復されるような点まで行かせる」（K. III. *Werke*, Bd. 25, S. 316.「全集」第二五巻、三八〇ページ）〔「当事主体」は、原文ではその特定的文脈上「商人資本」。〕

すでにわれわれは(I)直接的生産＝労働過程における、また(II)総体的生産＝生活過程における、労働者階級の疎外の構造を追求してきた。しかしここでは(III)収奪者としての資本家たち自身がふたたび疎外されている。けれどもそれは、労働者階級の疎外とはその存立の形態を異にしている。それは対極に、可視的な収奪者をもたない疎外の形態である。

それはこのような主体自身の集列性が、その普遍的な相互収奪の関係が存在せしめる、法則の物神性を対極にもつ疎外である。われわれはすでにこれまで、(一)直接の人格的な収奪者をその対極にもつ疎外（第二章）、(二)この単純で直接的な〈疎外＝収奪〉関係の、相互的、かつ普遍的連関の存立せしめる、物象化としての疎外（第三章）、(三)この物象化を媒介として再び可視的な収奪者を対極にもつ、〈物象化された収奪〉としての疎外（第四章）、という三つの水準の疎外をみてきた。ここでわれわれは第四の水準の疎外、すなわちこのような、物象化された収奪の再・物象化としての疎外、自乗化された物神性をその対極にもつ疎外の水準を見出す。

それはかの第三水準における、すでに物象化された収奪の形態としての剰余価値を、ふたたび物象化的に転形し骨化する諸姿態としての、平均利潤率と生産価格、および自立化した分配諸範疇の存立する地平に他ならない。

このような、自乗化された物象化の地平の完成形態が、この資本制世界における日常意識に現象する経済的「基礎」範疇である〈資本―利子、土地―地代、労働―労賃〉という「三位一体的範式」に他ならない。

〈資本―利子〉という範式において資本は、梨の木に梨の実がなるように自己増殖する貨幣として、その物神化を完成させる。それはこの増殖の秘密である労働者の労働のみならず、資本家自身の活動性をも疎外した、貨幣的富そのものの自己増殖能力として、マダム・ラ・テルのパートナーにふさわしくも垢抜けした装いを完成させる。

株式市場では、個別資本の利潤率を基礎とする配当率と、平均利潤率を基礎とする一般利子率とのあいだの乖離が、「株価」の上下を媒介として「利回り」の均等化としてなされる。すなわちそこでは、この〈貸付資本―利子〉の範式が、現実の諸資本にたいして逆にみずからの姿態を押印し、「利回り」から逆算的に（「資本還元」！）擬制資本としての「株価」を存立せしめる。それはまさしく、「利子生み資本の物神性が最高度に展開した形態」である。株式のこの物神性を支えているのも、またしても証券市場における、投資の有利性を求めての諸資本の自由な競争である。

そしてかの物象化された世界の「三位一体」の他の二姿態――〈土地―地代〉および〈労働―労賃〉もまた、この〈資本―利子〉の範式へと転形し、土地および人間労働力を、それぞれ擬制資本として存立せしめる。*

＊「たとえば地代が二〇で利子率が五であるならば、この二〇は四〇〇という資本の利子である、ということができる。そしてじっさいに、この場合には土地は四〇〇で売れるのである。……このような、先取りされた地代の支払いは、その土地価格である。かくして土地は、資本に転化される。……〈土地―地代〉は〈資本―利子〉に転化される。」（*Theorien über den Mehrwent*, Werke (Dietz) Bd. 26–III. S. 511.『剰余価値学説史』大月版全集第二六巻Ⅲ、六七〇ページ）「労賃は利子として想定され、したがって労働力は、この利子を生む資本だと想定される。たとえば一年間の労賃が五〇ポンドで利子率が五％であれば、一年間の労働力は一〇〇〇ポンドの資本に等しいものとみなされる。資本家的な表象様式の転倒性はここでその頂点に達する。」（K. III. (*Werke*, Bd. 25) S. 483.「全集」第二五巻、五七六ページ）。

すなわち一方では自然そのものが、そして他方では人間そのものが、逆算的に資本として擬制される。しかもこのことはたんに資本家の観念のうちのみならず、この物象化された日常生活に生きるすべての人びとの、功利的実践の原則である。

「身体《からだ》が資本だ」というかたちで、人びとはその日常的実践の中でみずからを物象化する。それは子弟の「教育投資」や、結婚選択における打算や、ホワイトカラーの人生設計等々の基準を提供する。それは生命保険をはじめ、さまざまな災害補償の金額の査定を基準するものとして、法的に形態化される。それは命のねだんをきめる。「資本還元」された価格が、その人間の価値となる。このような人間主体の自己物象化、相互物象化をもって、資本制世界の物象化的な存立は完成される。

*

資本制世界のこのような物象化的な姿態形成が、収奪者としての資本家自身をも疎外するかたちで貫徹されるのは、すでにみたように、個別資本家が相互に収奪し合う関係の普遍的な連鎖という地平においてであった。

このような個別諸資本の競争—集列性の地平は、その遍在する収奪関係としての性格自体のうちに、またしても一方向的な収奪を対極にもつ「垂直的な」疎外の形態へと転回する潜勢力をもつ。

この転回は、これまでの諸水準における転回のばあいと同様、諸主体の内的な相互依存の連関を媒介する特殊な契機が、この内的な連関をみずから体現するものとして、その固有の力能を支配し領有する主体としてあらわれるという機制《メカニズム》をとおして実現する。

すでに株式会社制度は、諸個別資本を媒介することをとおして、みずから資本活動の主体に転化し〔擬制人格としての「法人」！〕一般投資家を無機能な金利受領者に転化せしめつつ、その結合力にたいする巨大資本家の支配を増幅しつつ貫徹することによって、このような転回を胚胎している。

さらにこのような株式会社の、第一次的に集積された資本をふくめて、諸資本を媒介する資本としての巨大銀行、これを中核とする金融資本が、みずからの存立の基底をなす個々の諸企業を、逆にみずからの支配下に系列化する（金融寡頭制）。個別中小企業はこの時、みずからの存続のためにみずからの自由な意思に基いてさえ、これらの巨大な独占の系列のうちに従属し、包摂される。

さらにこのような私的独占相互の競争は、かつての競争がその普遍性ゆえに原理上貫徹しえた市場の自動調節メカニズムの麻痺をとおして、恐慌の危機的な深化をもたらし、資本制体制自体の崩壊を免れようとするかぎり、諸資本の利害を媒介する権能としての国家権力の介入を要請せざるをえない。国家権力はまさに諸資本の存続の要請を基盤としつつ、財政投融資、通貨を基軸とする経済管理、基幹産業における国家企業等をとおして、〔それがこの国家機構を実質的に掌握する巨大独占諸資本の支配を媒介するにすぎないものにせよ、あるいは資本制自体の自己否定としての一定の「社会主義的」原理を導入するものにせよ〕逆に個別の諸資本をみずからの統制下・操作下におく。等々。

いわば〈本源的資本主義〉ともいうべき諸資本の自由な競争の地平は、その固有する内的な必然性により、つぎつぎと高次化する独占の諸水準を形成し、一般諸資本のそれによる疎外＝被収奪の関係へと自己転回する。平均利潤率の法則は、まさにそれ自体の存立の機制に他ならぬ諸資本の普遍的相剋のゆえに〔またそれ自体の実現の媒体をなす当の信用の発展のゆえに〕、みずからの対立物に、独占利潤の領有の原則へと転回する。

このような独占利潤の蓄積がみずから市場の狭隘化と資本の過剰とを招き、この矛盾の止揚としての資本輸出が、他民族への抑圧と帝国主義諸国相互の緊張を帰結することはもはやいうまでもない。

資本制世界はもともと、内部的に合理化された主体相互の非合理的な集列的相剋をその存立の形態としつつ、この集列的相剋を止揚する運動として、「合理化」されたシステムの階梯的な高次化を展開してゆく。しかしこの階梯の上昇のたびに、競争の単位主体をなす各システムの内部の完全な合理化はいっそう困難となり、ますます多重化する矛盾をそのシステム自体の内部に装置することとなる。たとえば諸資本の相互の矛盾を独占の形成によって止揚しようとすれば、それはこの独占自体の内部に、〔諸資本の固有の矛盾としての階級矛盾をもちこむのみならず〕諸資本の相互の矛盾自体を、支配—被支配の垂直的な相剋として転形されたかたちで再生する。

あるいは一国資本主義の矛盾を、対外転化することによって「解決」しようとすれば、その結果民族間の矛盾が、階級的矛盾としてその資本制体制のうちに内化される。〔帝国主義段階における階級闘争の形態としての民族解放戦争〕。そしてこの「対外」矛盾が、本国の資本主義そのものの存立の基底をゆるがす内的な契機として転化する。等々。

諸主体相互の集列的《ゲゼルシャフト》な相剋の関係という、人類史のこの段階の最も基礎的な規定そのものが、つぎつぎと高次化してゆく支配＝抑圧の形態へと自己を転回しつつ、それぞれの水準における矛盾をも同時に高次化し内在化してゆく機制の、上向的な展開の総体として、この資本制世界の存立の全構造は把握されうる。

そしてこのような現実自体の上向的な展開の原動力は、内的に相互依存しているものの外的な相互自立化という、本質と実存の矛盾、内的な共同性《ゲマイン・シャフト》が外的な集列性《ゲゼル・シャフト》として存立することの矛盾、したがって個々の主体が、相互に自己の存在における欠如分を、疎遠な対立者としての他者たちのうちに見出し、したがって相互に他者を収奪し領有する意思として対峙し合うという関係性の矛盾に他ならない。

あとがき

本書におさめられた論稿は、一九七三年から七四年にかけて『思想』誌上に断続的に発表されたものである。その後インド、メキシコ、ブラジル等への旅のため刊行が延期されていた。この仕事は私にとって、今日までの理論的な生涯全体の総括であると同時に、〈旅〉以後の飛翔のためのたしかな台座をはじめて用意してくれたものだ。

現代社会の存立構造の骨格が素描されているだけであって、個別的な諸課題への応用による肉付けがなされていないが、台座をここまで固めておけば、組織形態、意識形態を含む諸分野・諸制度・諸事象の分析による豊饒な展開という作業は、時間さえ与えられれば確実に可能であるという見通しを、私じしんはもっている。（意識形態

論への展開として、見田宗介「現代社会の社会意識」（同編『社会意識論』東大出版会　所収）参照）

当面の私の主要な関心は、いわば〈社会構想論のための比較社会学〉におかれているので、本書の仕事の直接的な展開としての、現代社会の理論の完成という課題にたちもどるのは、何年かあとになるだろう。この課題をさきに完成してくれる若い研究者がでてくれるならば、著者としてこれほどうれしいことはない。

本稿の発表と刊行において、『思想』の米浜泰英氏と筑摩書房の古川清治氏という、ふたりの信頼できる編集者にめぐまれたことを、稀有のこととして感謝している。

■初稿発表覚書

現代社会の存立構造　（本書Ⅰ）　『思想』一九七三年五月号
外化をとおしての内化　（本書Ⅱ・序章）　『思想』一九七四年五月号
階級の論理と物象化の論理　（本書Ⅱ・一〜四章）　『思想』一九七四年七月号
資本制社会の存立構造　（本書Ⅱ・五章）　『思想』一九七四年八月号

大澤真幸

『現代社会の存立構造』を読む

読解の二つの段階

読解には、二つの段階がある。意識水準の読解と無意識水準に至る症候的な読解である。前者は、簡単に言えば、その本の著者が言わんとしたこと、著者が意図していたことを正確に理解することである。一般に読解と言われているのは、この段階の読解だ。

しかし、読解には、さらに先がある。著者は、ぎりぎりの探究の中で、しばしば、自分が意図していた以上のことを語り、書く。その意図を超えた部分——本人は意識していないが実際には書いていること——にまで読解を進めるのが、第二段階の読解である。著者の意図を超えた部分、つまり無意識は、たとえば本来の意図からは説明しがたい微妙な構成上の破綻、著者が愛着する文体や語彙に、一種の症候のように現れる。そうした症候を手掛かりにすることで、無意識水準の読解が可能になる。

二種類の読解は、独立ではない。後者の読解は、前者を前提にしている。著者が正確に何を意図していたかを理解しておかなければ、無意識水準の読解に入ることはできない。一通りの理解、簡単に言えば試験に出題され、それについて満点を取るというレベルの理解に達すればよし、ということであれば、意識水準の読解で十分である。だが、本を読む醍醐味、創造的な思考の触媒となるような読解は、無意識水準の読解にあるのかもしれない。とはいえ、無意識水準の読解に耐えられる書物は、実は、そう多くはない。意図して言おうとしたことと実際に言っていることとの間には、一般にギャップがあるが、たいていの場合は、後者は前者よりもつまらないからである。その場合、わざわざ書物の無意識を読むことに、価値はない。

ここから、古典を、古典となるべき本を、次のように定義してもよいことがわかる。それは、無意識水準を読解したときに、意識水準を超えることになる書物である、と。たとえば、マルクスやフロイトの著書が、出版されてからすでに一世紀以上を経過しており、その間、数えきれないほどの多くの人に論じられてきたが、今なお、繰り返し、あらたな霊感の原泉として読まれ、それについて語られ、書かれているのは、マルクスやフロイトのテクストが、無意識水準の読解を引きつけてやまないからである。

＊

さて、ここで、私は、真木悠介の『現代社会の存立構造』に対して、これら二種類の読解を試みよう。前篇の「解題」は、意識水準の読解に対応し、後篇（発展篇）の『「現代社会の存立構造」の行為事実を読む』は、無意識水準の症候的な読解に対応している。

前篇は、どちらかと言えば、初学者向けである。本書に再録した、真木悠介の本文を読むだけで、十分に理解ができる人は読む必要がない。しかし、真木悠介の本文が難解で歯が立たない人は、ここでの解題を参照しながら、あるいは解題を読んでから、真木悠介の本文を読めば、理解ができるはずだ。

後篇は、無意識水準の読解であり、『現代社会の存立構造』を発展させるための一つの可能性を提示するものである。それは、真木悠介のこの本が紡ぎだしうるいくつもの可能な経路の一つである。

私としては、（真木悠介による本文に加えて）前篇か後篇のどちらかのみを読むだけでも、十分に意義がある、と考えている。まず、『現代社会の存立構造』は、現在でも読むに値する、社会学の理論書である。私が前篇として書いた解題によって、この本を理解することは、単に「物知り」になることを超えた意味が、つまり現代社会を理解するための基本的な理論を入手するという意味がある。初学者には、場合によっては、これだけでもよい。後篇は、社会学やあるいは真木悠介の理論に精通している読者にも価値がある内容であると思う。

『現代社会の存立構造』解題

『現代社会の存立構造』（以下『存立構造』と呼ぶ）は、現代社会の仕組みの最も基本的な部分を、理論的に説明することを目的としている。「理論的に説明する」ということがどういうことなのか、疑問をもつだろうが、その点は、解題を通じて自然と理解することができるはずだ。

まずは、内容に入る前に、基本的な事実を記しておく。この本は、一九七七年三月に、筑摩書房から刊行された。もとになる論文は、一九七三年から七四年にかけて、『思想』誌上に、四回に分けて発表されている。学問的な著作を読むときには、それがいつ書かれたものかに注意しておく必要がある。書かれたときこそが、その本の内容を規定する最も重要なコンテクストだからである。

この「解題」の目的は、『存立構造』の内容をできるだけわかりやすく解説することにある。もっとも、この本は、見ようによっては、まったく解説の必要がない本である。というのも、これほど明晰に書かれている本は、ほかにないからである。何を意味しているのか、何を指しているのかはっきりしない語彙や句、前後のつながりのわからない文章は、この書の中に一つも、一か所もない。それほどに『存立構造』は明快である。その意味では、『存立構造』の解題は、まさに屋上屋を架すものと言われかねない。

しかし、『存立構造』を読む上で、とりわけ初学者には、二つの難しさがある。第一の難しさは、文章にあまりにもむだがないということからくる。この本は、体脂肪率がほとんどゼロの、スリムな身体を思わせる。文章は、少しむだとも思えるような冗長さがあったほうがわかりやすい。まったくむだや遊びがないので、『存立構造』の読書には、非常な緊張を強いられる。気を抜いて読めるところが、まったくないのである。

第二に、予備知識の問題がある。『存立構造』は、社会（科）学や哲学について、ある程度の知識があることを前提にしている。とりわけ、カール・マルクスの概念について、かなり慣れていることが、この本を読む上での前提である。一九七〇年代の若者は、今日の若者が『新世紀エヴァンゲリオン』について知っている程度には、マルクスの概念になじんでいた。現在の日本には、「人類補完計画」とか「セカンドインパクト」という言葉を、とくに説明しなくても知っている若者は、少なからずいるだろう。それと同じ程度に、一九七〇年代の中盤の若者は、「物象化論」とか「領有法則の転回」とかといった言葉を――ときに中途半端なものだったが――理解していた（つもりになっていた）。解説は、こうした前提となる知識を補完する意味もある。

＊

『存立構造』の主題は、まさに本のタイトルの通り、現代社会の存立構造を説明するところにある。と言っても、いきなり「存立構造」という語がいささか難しい。存立構造というのは、社会構造と、その社会構造を成り立たせている仕組みとをあわせたものだと、とりあえず捉えておけばよい。「現代社会」という語は、ここでは、日本社会とかアメリカ社会といった具体的な社会を指しているわけではない。本文では、「近代（社会）」という語の方が頻繁に使われているが、ここで主題となっている「現代社会」「近代社会」は、産業革命やフランス革命以降の社会——日本で言えば明治（とりわけ後半）以降の社会——を一般的に指していると考えればよい。

『存立構造』は、実は、一つの別の本を議論の展開のための骨格として利用している。カール・マルクスの『資本論』である。真木悠介の『存立構造』は、マルクスの諸著作、とりわけ『資本論』に対する創造的な読解という側面をもっている。冒頭で述べた、読解の二段階と関係づけるならば、もちろん、これは、『資本論』の無意識レベルに至る読解である。それゆえ、『存立構造』を読むと、『資本論』という超難解で大部な本におよそどんなことが書いてあるかを——もちろん真木悠介の独自の解釈をとおしてではあるが——知ることもできるのだ。

目次を見るとわかるように、『存立構造』は、大きく二部からなっている。Ⅰ「現代社会の存立構造——物象化・物神化・自己疎外」と、Ⅱ「疎外と内化の基礎理論——支配の論理と物象化の論理」である。それぞれは、独立に読むことができる。しかし、二つのパートは、緊密に関係してもいる。第Ⅰ部と第Ⅱ部は、いささか視角や力点を変えて、同じ主題を反復していると解することができるのである。『資本論』との関係では、次のように言うことができるだろう。第Ⅰ部は、（主に経済に即して論じられている）『資本論』の論述を、経済には限らない社会現象や意識形態の方へと向けて一般化することに、どちらかというと力点がある。第Ⅱ部は、第Ⅰ部に比べると、『資本論』における商品形態や資本主義社会の分析に寄り添って、議論が進められている。

いずれにせよ、第Ⅰ部と第Ⅱ部は、同じ主題を、角度を変えて反復しているので、互いに対応し合っている。そこで、ここでの解題は、次のような方針を取ろう。基本的な道筋は、相対的に長く詳しい第Ⅱ部の方に従うことにする。その上で、適宜、第Ⅰ部の対応箇所を参照したり、第Ⅰ部の論述を用いて補ったりしていこう。ときには、第Ⅱ部よりも第Ⅰ部の説明の方が全体像を見て取るのに都合がよい場合もある。このときには、第Ⅰ部の論述に依拠しながら解説していく。

最初に次の重要な点を確認しておく必要がある。『存立構造』は、『資本論』を社会主義とか共産主義とかといったイデオロギーから解放しよう、という意図から書かれている。マルクスが書いたものはすべて、社会主義体制や共産主義体制の実現という目標を指向していると考えている人は多い。そして、ほとんどの社会主義国家が崩壊した現在にあっては、もうマルクスを読む価値がないと思っている人もいるだろう。あるいは、自分は社会主義や共産主義を実現したいという関心や願望をもっていないのだから『資本論』を初めとするマルクスの著書や論文を読む意味がない、と考えている人も多かろう。しかし、『資本論』やその他のいくつかのマルクスの著作は、社会主義や共産主義の実現といった実践的な関心とはまったく独立に読むことができるし、またそう読むべきである。つまり、『資本論』は、資本主義社会や近代社会がどのような構造をもち、どのようなメカニズムで動いているのか、ということの分析として優れているのであって、そうした社会を──社会主義・共産主義であるにせよ他の何であるにせよ──どういう社会に変えるのか、という関心とは関係なしに読むことができる。『存立構造』は、まさに、そのことを証明してみせているのである。

序　外化をとおしての内化

人間・自然・社会

第Ⅱ部の序「外化をとおしての内化」と題された比較的長い序章では、『存立構造』の全体を貫いている、基本的な人間観が提示されている。人間や社会についての基本的な見方が示され、それが、全体の議論の前提になっているのだ。

私たちは、一般に、人間を（動物を含む）自然と対立させて考える。「人間が自然を開発する／保護する」と言うとき、〈人間・対・自然〉という図式を用いており、人間だけは、外部から自然を操作できる特別な主体であると見なされているだろう。あるいは、人間だけが、他の動物とは異なって、精神や理性をもっている、と考えるときもまた、同じ図式を用いている。

同様に、私たちは、個人を社会と対立させて考える習慣をもっている。個人（たち）が自由に社会を変えることができると見たり、個人の意志が社会の要請に反していると考えるとき、〈個人・対・社会〉の図式を用いている。

第Ⅱ部は、これら二つの対立図式が、普遍的にいつでも（先験的に）成り立つものではなく、人間や自然の歴史の特定の段階の中で、そうした図式が妥当するような状況が出現した、という宣言から始まる。言い換えれば、人間は、本来的には、自然や社会に内在する存在である。真木悠介は、次のように書いている。（以下、引用では原文にある傍点は省略する。）

個としての人間たちがあらかじめ先在していて、彼らが何らかの契約によって社会を構成するのではないこととおなじに、自然に外在する「人間」があらかじめ先在していて、彼らが他在としての「自然」とかかわりをもつのではない。人間は本源的に〈社会・内・存在〉であり、そしてそのようなものとして、ふたたびまた本源的に〈自然・内・存在〉であるという仕方で、いわば二重に内存在である。（八二頁）

「個としての人間たちが……契約によって」の部分は、社会契約論を念頭においている。社会契約論は、まず個人としての人間たちがいて、彼らが、何らかの理由によって契約を結ぶことで社会が作り出されたと考える。しかし、社会から独立した、社会とは無関係な個人などというものがあるだろうか。ある個人が何ものであるかを考えてみると、その個人は父であったり、大工であったり、日本人であったり等々の束によって定義される。それらの性質はすべて、その個人が内在しているさまざまな社会の中で、その個人がどのような関係の中にあるかによって決まっている（家族の中で父であり、社会的な分業のシステムの中で大工であり、多様な民族・国民がいる国際的な社会の中で日本人である等）。つまり、人間は〈社会・内・存在〉であり、社会を離れたらもはや何ものでもありえない。

さらに人間もまた動物であり、自然に属していることも否定できない。その意味で、人間は、〈自然・内・存在〉でもある。この〈X・内・存在〉は、二十世紀の哲学者ハイデッガーの〈世界・内・存在〉という概念を念頭において、真木悠介が創ったものである。

さて、人間は、〈自然・内・存在〉であるにもかかわらず、自然史のある時期に、人間以外の他の〈自然〉を対象化する主体として振る舞うようになる。〈自然〉を活用して何かを生産したり、土地を所有したりといったことを行うようになるのだ。このとき、人間は、まるで〈自然〉とは異なったもののように、つまり精神としてたち現れることになる。

同様に、個人としての人間は、〈社会・内・存在〉であるにもかかわらず、社会史のある時期に、自分以外の〈社会〉を対象化する主体として自立するようになる。たとえば、自分の利益と結びつくようなかたちで、他者と競ったり、取り引きしたりするようになるのだ。このように、主体としての自立している個人の集まりによって成り立っている社会が、〈市民社会〉である。

このように、人間は、自然に内在する存在（内・自然存在）から自然を対象化する存在（対・自然存在）へと自分を転換させ、また社会に内在する存在（内・社会存在）から社会を対象化する存在（対・社会存在）へと自分を転換させる。どちらの転換も、「媒介された構造」を獲得することによって実現される、というのが『存立構造』の――とりわけ第Ⅱ部の――最も重要な主張（の一つ）である。次のように説かれている。

本源的に〈自然内存在〉としての人間は、その残余の自然との物質代謝において、〈労働をとおしての享受〉という、時間性の次元において媒介された構造を獲得することによって、外囲の自然を距離化し対象化する主体として、物質性の宇宙のただなかに屹立し、内・自然存在から対・自然存在へ、〔あるいは、直接的な自然内存在から媒介された自然内存在へ〕自己を形成する。

本源的に〈社会内存在〉としての諸個人は、その残余の社会との物質代謝において、〈譲渡をとおしての領有〉という、社会性の次元において媒介された構造を獲得することによって、外囲の社会を距離化し対象化する主体として、共同存在のただなかに自立し、内・社会存在から対・社会存在へ、〔あるいは、直接的な社会内存在から媒介された社会内存在へ〕自己を形成する。

（八三―八四頁）

ここで「……をとおしての……」という構造が、「媒介された構造」ということである。ヒトの歴史の大部分は、狩猟採集民としての歴史だが、たとえば、人間が自然の果物を採って食べているときには、「労働」と味わい食欲を満たすという「享受」との間の区別はほとんどない。労働がほぼそのまま享受である。つまり、享受から区別された労働、労働としての意味をもつだけの労働というものがまだ（ほとんど）存在しない。このとき、人間の活動は、特定の季節に森のどこかに果物が実るという、自然の循環に適応しているだけだ。

しかし、たとえば人間が農業を始めたらどうだろうか。このとき、特定の土地を選んだり、耕したり、種を撒いたりといった労働において、土地や植物といった自然を対象化するようになる。このとき人間は、労働と享受を分離し、労働のあとに享受するようになる（つまり、栽培し、収穫した後に、食べる）。これが〈労働をとおしての享受〉である。

これが「時間性の次元」における媒介だと言われるのは、労働においては、人間は、まず未来において実現されるべきことを意図し、実際にその意図が実現するまで――享受することをひかえて――待つことになるからである。秋に米が稔るまで人間は待つ――すぐには食べずに待つ。このとき、初めて、時間性ということが、人間にとって意味をもつようになる。

やがて、自分で労働して得た産物をそのまま自分（たち）のものとして領有する段階から、自分で得たものを他者に与え、その引き換えに別のものを得て、わがものにするという段階に入る。これが〈譲渡をとおしての領有〉である。このとき、人間は、他者を、自分にとって都合のよいものを与えてくれるかどうかという基準で見るようになる。これは、自分の外の社会（他者たち）を対象化している状況である。

〈外化をとおしての内化〉の二次元

以上が序章序節で論じられていることである。序章第一節で、〈労働をとおしての享受〉という媒介の回路が〈労働の回路〉と、〈譲渡をとおしての領有〉という媒介の回路が〈交通の回路〉と言い換えられている。その上で、それらがともに〈外化をとおしての内化〉という形式をもっているということが確認される。これはきわめて重要な主張なので、よく理解しておく必要がある。

労働するとき、たとえばあなたが上衣を作るとき、あなたはまず、あなたの欲望やら美的センスやらにそってどんな上衣を目指すかを思い描き、それにそって、実際の上衣を一つの対象としてかたちにする。あなたの欲望や美的センスは、あなたのあなたらしさたるゆえん、あなたの内的な個有性（個性）の一部であり、できあがった上衣は、まさにその個有性が、あなたの外部に対象として現れたものであると見ることができる。これが〈外化〉ということである。

そのできあがった上衣を享受（使用）することによって、人は、いろいろな意味で豊かになる。上衣を着用することで身体があたたまったり、おしゃれができてうれしかったり、あるいは仕上がった上衣の出来に満足したり等々と。このように外化したものを自分自身が使用したり、消費したりすることで豊かになることが、〈外化をとおしての内化〉ということである。

次に、〈交通の回路〉。ここで〈交通〉というのは、交換を通じた他者との関係のことである。上衣をもっているあなたが、小麦が欲しいと思ったとする。このとき、あなたは自分の上衣を、外部の他者に向けて手放し、それとの引き換えに、その他者がもっている小麦を入手する。この〈譲渡をとおしての領有〉もまた、〈外化をとおしての内化〉という構造をもっていることがただちにわかるであろう。

〈労働の回路〉が確立することは、動物とは区別された人間存在の誕生を意味している。先ほど、私は、便宜のために、狩猟採集は、労働以前であるかのように説明したが、厳密には、それは正しくない。狩猟採集においても、人間は、どこに獲物や果物があるかを思い描き、計画し、そして獲得したものをすぐその場で食べたりはせず、集めてきて、家族や仲間と一緒に摂る。これは、すでに労働であり、「時間性の次元」における媒介――すぐには享受しない――も入っている。このように享受に先立って労働が入るという回路をもつのは、人間のみである。

次に〈交通の回路〉が確立することは、個人の誕生を、したがってそうした個人の集合より成る市民社会の誕生を意味している。〈交通の回路〉が個人の誕生を意味しているというのは、取り引きにおいて、人は、まず何を自分が所有し、何が他人に所有されているかを踏まえた上で、何が自分の利益をもたらすか、誰が自分にとって有利な相手なのかを考える利己的な個人として振る舞うことになるからである。

しかし、それぞれの回路を通じて、人間存在や個人が生まれるというこうした断定は、やや行き過ぎた単純化であるとして、真木悠介は、ここで、もう一度、議論を精密化しなおす。労働は人間に固有と述べたが、動物の行動にも労働に類するものの萌芽はすでにある。真に人間だけのものは、〈労働の回路〉が〈手段性の回路〉にまで複雑になったときである。〈手段性の回路〉とは、生産手段の生産ということである。たとえば、耕作のための鍬を造る等の労働が、生産手段の生産である。生産手段まで生産するのは、まったく人間のみなので、人間存在を定義する媒介——人間とは何かのゆえんとなる媒介——のあり方であると言える。

〈交通の回路〉が個人を生誕させ、市民社会をもたらすと述べた。しかし、たとえば狩猟採集民が獲物を、あるいは農民が作物を、家族や仲間と分け合って食べるとき、そこには、他者に与え他者から与えられるという意味での〈譲渡をとおしての領有〉はすでに始まってはいる。しかし狩猟採集民のバンドと呼ばれる小集団や農業を営む氏族・部族は、市民社会というよりは、共同態《ゲマインシャフト》に属している。真に自立的な個人が現れるのは、相手が家族や友人のような親密な他者ではないとき、自分に対して無条件で好意的であるとは言えないような他者とかけひきをしながら交換関係に入るときであろう。このような他者らしい他者、私からは独立・自立した他者との交換関係を、〈他者性の回路〉と呼ぶ。〈他者性の回路〉とは、主として、市場での商品交換（物々交換的なものを含む）のことである。個人が生み出され、市民社会的＝集合態《ゲゼルシャフト》的な関係が形成されるのは、〈交通の回路〉が〈他者性の回路〉に転化したときである。
したがって、全体を整理すると次のようになる。

〈労働の回路〉→〈手段性の回路〉：人間存在の条件
〈交通の回路〉→〈他者性の回路〉：個人と市民社会の誕生

手段性の回路とその結果

序章第二節「〈労働をとおしての享受〉」は、〈労働の回路〉が〈手段性の回路〉にまで複雑化したとき、どのような社会的な帰結をもたらすことになるかを論じている。まず、〈手段性の回路〉では、媒介が二重になっていることに注意しなくてはならない。直接に享受せずに、その前に労働が入っているだけでも、一段階の媒介があったわけだが、その前に、さらに生産手段を作り出す（外化する）労働が入るからである。つまり、まず生産手段を生産する労働があり、それを使用して、生活手段を生産する労働がある。このように媒介が二重化したことの帰結として、五つのことが挙げられている。

第一に、生産手段が生産されるようになると、生産力が加速度的に（掛け算的な勢いで）大きくなる。生産力が大きくなると、すぐに消費しなくてもよい剰余生産物が蓄積される。剰余生産物を一部の人が独占すると、それは階級の分化につながる。

第二に、労働における「規定するもの／規定されるもの」の関係が逆転する。本来は、享受のために労働をしていた。したがって、享受するための生活手段（消費手段）を作り出す労働の回路①がまずは重要であって、その労働の回路をより効率的なものにするために生産手段を生産のする労働の回路②が要請された。つまり、①によって②が規定されるのが本来の関係である。ところが、ある生産手段が非常に有用であったり、広く普及するようになると、その生産手段に合わせて、生活手段・消費手段が生産されるようになる。つまり、②の回路の方が①の回路のあり方を規定するという逆転が生ずる。

この逆転は、決定する要因が「生ける労働」から「死せる労働」に移る、と表現されている。生産手段を使用して労働しているとき（これが生ける労働）、その生産手段を生産したのは、過去の労働、その意味で死せる労働だからである。

第三に、〈手段性の回路〉は、分業を促進する。もともと、どんなに単純な社会でも、年齢や性による分業は存在している。しかし、生活手段を生産する労働と生産手段を生産する労働とが別のものになれば、それぞれの担当者が分離し、分業が進捗する。もちろん、生産手段も一種類ではないので、さまざまな生産手段ごとに職業が分化し、固定化することにもなる。

第四に、労働する主体にとっての労働の意味に変化が生ずる。これは重要なので、少し詳しく説明しよう。

もともと、労働過程自体が、自然との交感の過程であり、労働主体にとって、楽しく、よろこびの原泉になっている。たとえば農民にとって、作物を育てること自体が楽しい。だが、労働の目的は、労働生産物を生産し、それを享受することにあるのだから、現在の労働は、その未来の目的に貢献している、という意味をもっている。活動の過程がそれ自体でよろこびであるという趣旨の意味の次元を、「直接＝享受的《コンサマトリー》な意味の次元」と呼び、未来に想定・表象されている結果に貢献しているという趣旨で価値があるという次元を、「媒介＝手段的《インストゥルメンタル》な意味の次元」と呼ぶ。

労働に限らず、人間のすべての活動には、この二つの意味の次元がある。直接＝享受的な意味の次元が主眼になるのは、たとえば「遊び」である。友人とサッカーなどのボール遊びをするとしよう。ゲームなので、一応は勝つために行うわけだが、結果として勝とうが負けようが、ゲームすること自体が楽しいことには変わりがない。逆に、媒介＝手段的な意味の次元が中心になるのは、勉強嫌いの人にとっての受験勉強である。嫌いな数学の勉強も、大学合格の確率を高めていると思えば、意味があるものになる。

意味の次元の二重化は、労働の回路においては一般に――つまり時間性の回路が入ったとたんに――出現する。加えて、労働の回路が手段性の回路を組み込むと、とりあえずの目的（生産手段の生産）、さらにそのあとの目的（生活手段の生産）、……最終的な享受というように、目的が多段階に重層化し、媒介＝手段的な意味を決定する最後の目的、最終的な享受が、次第により先の未来へと遠隔化されるようになる。

　このことは、われわれの現在の生の、規定的、主導的な意味の根拠を、現在の生そのものの外部に、手段性の連鎖のかなたにおくことである。本源的な意味のこのような遠隔化、疎遠化によって、それ自体生の過程であるはずの労働過程の、直接＝享受的《コンサマトリー》な交感そのものは、次第に副次的なもの、どうでもよいものとして疎外される。〈生活を生産する生活〉がぎゃくに〈生活を生産する非生活〉に、〈生を生産する死〉に転回する。（九〇—九一頁）

　媒介＝手段的な意味を決定する根拠が、あまりにも遠く隔たった未来のことになると、現在の直接＝享受的なよろこびが次第にどうでもよいこと、つまらないことになってくる。将来、ＦＩＦＡのバロンドールを取るようなすごいサッカー選手になりたいという夢をもっている若者がいたとする。彼は、そのためにヨーロッパのプロリーグで活躍しなくてはならない、と考える。ヨーロッパで活躍し、生活するためには、スペイン語が使える方がよい。スペイン語を習得するためには、外国語学校に入学しなくてはならない。そのためには学費が必要だ。そこで、彼は、学費をかせぐために、店員のアルバイトを始めた。アルバイトも、客や同僚との交流もあり、扱っている商品にも興味があって、それなりに楽しくはある。しかし、本来の目的が、ヨーロッパで活躍する一流のサッカー選手になることだということを想うと、彼には、次第に、日々のアルバイトが虚しいものに感じられるようになる。「俺はなぜこんなことをしているのだろう」。彼は、もはやアルバイトには生きがいを覚えない。アルバイトは、〈生を生産する死〉に転回する。

しかもこの現在の生の外化された意味の回収は、ア・プリオリには保証されていない。（九一頁）

その上、彼は、サッカーのプロには、結局なれないかもしれない。アルバイトをしているとき、彼が将来、サッカーの一流のプロになることが、保証されているわけではない。同様に、何年もの後に成果を上げることをもくろんで、土地の開墾を始めたとしても、途中で、大洪水や津波によって、開発した田畑が一挙に流されてしまうかもしれない。次の文章が述べていることは、このように、労働の意味が自然によって奪われる可能性がある、ということである。

労働の迂回する意味の回路は、人間たちがまさしくそのことによってみずからをその対立者として措定し、外在化した〈自然〉の手中に握られている。〔……〕人間たちの実践はいまや、古代の人びとが最も畏れたあの〈時間《クロノス》〉とのはてしない闘いとなる。（九一頁）

さらに付け加えておけば――真木が「〔自己自身の内的な自然としての肉体の死をも含めて〕」と挿入しているように――、人間は必ず死に、人生は有限だという事実を考慮に入れれば、媒介＝手段的な意味が最後には奪われてしまうのは必然でさえある。

繰り返せば、労働の回路が迂遠なものになると――つまり労働と享受の間の挿入部分が大きく複雑になると――、現在の労働過程における直接＝享受的な楽しさが枯渇していく。ということは、現在の労働が「なしにできるのであればそのほうがよいような必要悪」つまり一種の費用《コスト》のようなものになる、ということである。つまり手段性の回路は〈費用《コスト》性の回路〉になるのだ。

第五に、現在の生が費用（目的のために必要だが不幸で苦痛な時間）になったこととの反作用として、労働の結果として獲得されたもの（所有）や、獲得されるべきもの（期待的所有）への執着が高まる。獲得できなければ、それまでの生がすべてむだだったことになってしまうからだ。さらには、費用なしに獲得できれば、つまり労働なしに享受できれば、もっとよい、ということになり、「収奪的領有」への意志も育ってくる。

他者性の回路とその結果

以上が手段性の回路の確立がもたらした諸結果である。手段性の回路の確立と、他者性の回路の確立との間には、かなりの歴史的なずれがある。つまり、手段性の回路が確立している（人間は対自然存在である）けれども、他者性の回路が確立していない（人間は内社会存在である）という歴史的な段階がある。別の言い方をすれば、それは、すでに生産手段を生産して、農業等によって自然を活用しているが、発達した市場をもたないような段階である。

それは、本源的所有の時代でもある。本源的所有とは、労働の産物が労働した者たちにごく当たり前のこととして属している状態（「所有権が云々」などとうるさいことを言わない段階）である。このときには、労働の生産物が特定の個体（個人）に排他的に所有されることがなく、共同体の全体に寄託《プール》されている。〈譲渡をとおしての領有〉ということが、他者性の回路というかたちで、明確な姿をもつためには、つまりは市場での商品交換（物々交換的なものも含む）が一般化するためには、本源的所有の段階を脱して、〈私的所有〉が確立されなくてはならない。

〈労働—享受〉という労働の回路が、その内側に交通の回路を組み込むと、媒介は二重化する。すなわち、〈労働—〈交通の回路〉—享受〉となる。このことは、次の五つの結果をもたらす。その五つは、前項の（手段性の回路の）五つの結果と、ゆるやかに対応している。

第一に、交換を通じて、見知らぬ他者たちの労働生産物をわがものにできるので、諸個人の生活が、多様で豊かなものになる。ということは、幸福の多くを、それら他者たちの労働生産物に委ねることでもある。

第二に、所有が、始原的所有と終極的所有に分離される。〈始原的所有〉〈終極的所有〉は真木悠介の用語である。主体は、自分の労働の成果を所有する。これが始原的所有である。しかし、彼は、この労働の成果を、誰かに譲渡して、別のものを得ようとしている。その別のものこそ、彼の欲求の対象（欲しいもの）であって、これを得ることを終極的所有と呼ぶ。

始原的所有と終極的所有とは、「労働過程（生産過程）―交通過程（流通過程）―享受過程（消費過程）」の三つの部分からなる総生産過程によって媒介されている。

第三に、私的な主観性と公的な客観性が分離する。あなたが、家族や仲間とは異なる、他者らしい他者、固有の意味での他者と出会うのは流通過程（市場）においてのみである。流通過程では、あなたは、労働力を含む商品（と貨幣）の所有者としてのみ関心をもたれることになる。たとえば、あなたがパソコンの知識をたくさんもっていて、パソコンを使う仕事に就くとき、労働市場で評価されるのは、パソコンについてのあなたの能力のみである。あるいは、あなたが消費者として何かを買うときには、あなたは貨幣の所有者として以外には、何の関心ももたれていない。このような経済的な次元におけるあなたの価値が、さしあたって、あなたの公的な価値のすべてになる。

それに対して、あなたが実存する人間として、どんなことを欲求し、どんなことによろこびや悲しみを覚えるかということは、流通過程としての市民社会にとっては、どちらでもよいことになる。パソコン関連の職業に就くあなたが、実はあるアニメの熱狂的なファンだったとか、初恋の人を忘れられずにいるとかといったことは、市民社会としての労働市場にとってはどうでもよいことだ。つまり、あなたの私的な主観性は、公的な客観性の領域から疎外されるのである。

第四に、労働の意味が変質する。本来は、〈譲渡をとおしての領有〉という回路があるときには、労働は、二重のよろこびをもたらす。裁縫が好きな労働主体にとって、美しい上衣を作ること自体が楽しい。その上衣を誰かが使ってくれれば、彼のよろこびは倍加する。しかし、市場で顔の見えない他者、疎遠な他者に譲渡（売却）するときには、この後者の「私の作った上衣を他者が喜んでくれたことがうれしい」という労働の意味がまったくなくなる。

さらに、主体の真の欲求の対象は、始原的所有物にあるわけではなく、始原的所有を譲渡して得られるもの、終極的所有にあったことを想い起こす必要がある。上衣職人は、上衣が欲しくて上衣を作ったわけではない。彼は、上衣を売って、何か別のものが欲しいのだ。何か別のものとは、貨幣、または貨幣によって購入される（上衣以外の）ものである。したがって、彼の労働の意味を規定していることは、結局、市場で売れるか売れないかにある。つまり、彼の労働の意味を規定しているのは、交換価値（市場での評価）である。彼が、自分の上衣にいくら満足しても意味はない。

その上、実際には売れるとは限らない。〈譲渡をとおしての領有〉という回路が実現したときには、労働の意味は、結局、〈社会〉（市場）に握られていることになる。〈社会〉（市場）があなたの労働を承認してくれたかどうかが、あなたの労働の意味のすべてになる。

第五に、収奪と自己疎外の可能性が生み出される。「売れることが大事」ということは、労働の具体的で質的な差異はどちらでもよいということである。売れるならば、上衣作りだろうが、米作りだろうが、どちらでもよい。つまり労働の意味は抽象化されている。このとき、労働はつまらないもの、よろこびのないものになる（農業が好きな人が、米は売れないという理由で、上衣を作る工場で働く場合を考えてみよ）。このとき、労働しないで領有すること、つまり他者の労働の成果を収奪することができれば、ベストだということになってしまう。誰かが収奪するということは、別の誰かが収奪されること、自己疎外の過程に落とされるということでもある。

内在的超越としての人間――自己獲得と自己疎外

序章のまとめとして、人間が二段階にわたって主体化すること、その主体化は、ポジティヴな意味とネガティヴな意味とをもつこと、つまり、一つの獲得であると同時に喪失であること、解放であると同時に疎外であるということが、再確認される。

第一次の主体化は、自然内存在としての人間が、〈労働をとおしての享受〉という回路を確立することによって、自己の目的に従って、自然を加工したり、支配したりする主体となることである。これによって、人間は、物質を超えた精神を獲得する。これは、自然からの解放である。

しかし、この解放は、同時に、自然と交流しつつ遊び働くことが楽しいという生の直接＝享受的な意味を枯渇させ、労働の意味を規定する目的を、時間のかなた、手段の連鎖のはるかな未来に置くことを帰結する。これは、目的のために、現在の享受をがまんするという意味で、自己抑圧の過程を含む。その上、労働の意味が実現するかどうかは、「自然」の機嫌に握られている（たとえば突発的な自然災害があれば、すべて無意味になる）。

〈内・自然存在〉から〈対・自然存在〉へ、人間たちのこのあらたな自己獲得の地平は、それが諸個人の自然性からの解離を帰結するかぎりにおいて、この労働の過程自体から直接＝享受的《コンサマトリー》な意味を疎外し、これを原初的な自己抑圧の過程として措定すると同時に、しかもこの間接化された意味の回路をみずからの他在のうちに、——自己自身にとってよそよそしい対立者の手中に疎外する構造をもつという意味で、同時に固有の自己疎外への転回を胚胎する地平でもある。（一〇一—一〇二頁）

第二次の主体化は、社会内存在としての諸個人が、〈譲渡をとおしての領有〉という回路を確立することによって、共同体への内没から解放され、共同体を観察したり、操作したりする主体となることである。これによって、人間は、歴史に内在しつつ歴史を作る主体となる。これは、共同体の束縛からの個人の解放である。しかし、この解放は、同時に、他者との交流が楽しいという生の直接＝享受的な意味を枯渇させ、労働の意味を、その生産物が交換＝流通の場で承認されるかどうかに依存させることになる。つまり、労働の意味が実現するかどうかは、社会＝市場の意向に握られている。この状況は、諸個人を相互収奪（あわよくば相手の労働の成果を収奪してやろう）へと動機づける。

〈内・社会存在〉から〈対・社会存在〉へ、人間たちのこのあらたな自己獲得の地平は、それが諸個人の共同性からの解離を帰結するかぎりにおいて、この交通の過程自体から直接＝享受的《コンサマトリー》な意味を疎外し、これを潜勢する相互収奪の関係として措定すると同時に、しかもこの間接化された意味の回路をみずからの他在（＝社会＝市場）のうちに、自己自身にとってよそよそしい対立者の手中に疎外する構造をもつという意味で、同時に固有の自己疎外への転回を胚胎する地平でもある。（一〇三頁）

補　〈内化〉の概念

序章の最後で、真木悠介は、〈内化〉という概念の文献学的・学説史的な起源と、その類型化を試みている。この部分は、本文を直接にあたってほしい。読むにあたっての注意だけ記しておく。内化という概念は、ドイツ語のAneignungに対応している。この語は、マルクスの思想にとって、非常に重要な概念で、日本語では、コンテクストに応じて、「取得」「領有」「獲得」等と訳されてきた。真木悠介は、マルクスのとりわけ三つのテクストを検討しながら、この概念の含みを引き出している。三つとは、『経済学・哲学草稿』『資本論』『経済学批判要綱』である。

『経済学・哲学草稿』（略称『経哲草稿』）は、一八四四年、当時二十代中盤にあった若きマルクスが、パリに滞在していたときに書かれた草稿で、アダム・スミスやリカードなどの古典派経済学の学説を研究したり、ヘーゲルの哲学を批判したりしている。草稿ではあるが、マルクスの初期の思想を知る上で、最も重要なテクストである。

『資本論』は、もちろん、マルクスの主著。資本主義社会の全体としての仕組みを解明した書物である。全部で三巻よりなるが、マルクスの生前に出版されたのは、第一巻のみ（一八六七年）である。第二巻（一八八五年）、第三巻（一八九四年）は、マルクスの死後、遺稿をもとに、盟友エンゲルスによって編纂された。

両者を結ぶような位置にあるのが、『経済学批判要綱』である。一八四三年秋以降およそ十五年間の研究成果とされており、主として亡命先のロンドンで書かれた。『資本論』の準備稿としての意味ももっている。『資本論』以上に重要だとする学者もいる。

一　外化の疎外への転回——収奪の論理と物象化の論理

疎外の三つの水準

『存立構造』第Ⅱ部第一章では、基本的な概念が定義され、このあとの探究のための「地図」が示される。

まず、「疎外」という概念。ここまで、〈外化をとおしての内化〉という媒介の回路を核に据えて議論が進められてきた。疎外とは、外化したのに内化されない状態、内化として回収されざる外化である。労働したのに、その成果を自分で消費したり、使用したりできないとき、あるいは何か自分に属するものを譲渡したのに、それに相当する他のものが得られなかったとき、疎外が生じている。

主体が疎外されているとき、外化したものはどこに行ってしまったのだろうか。もちろん、主体以外の存在に奪われ、そちらに内化されたのである。主体以外の存在とは何か。第一に、それは自然である。一生懸命、農作物を育てたのに、収穫直前の大洪水によって、作物が流されてしまったとき、内化なき外化、享受なき労働が生ずる。第二に、それは、主体以外の他の人間（たち）である。主体が外化したものを、他の人間（たち）が内化してしまう場合がある。

このように〈内化なき外化〉（疎外）に対しては、〈外化なき内化〉が対応している。この外化なき内化——労働しなかったのに享受できたり、譲渡しなかったのに獲得できたりすること——が「収奪」である。〈疎外↕収奪〉は、表裏の関係にある。

〈疎外↕収奪〉の関係は、まずは、人格的支配関係の中で生ずる。人格的支配関係とは、特定の（あるいは少数の）個人が、カリスマや、神や天から与えられた（と解釈されている）権威、あるいは伝統や血統に由来する権威等の、その人格に本来的に備わっているかのように見なされている性質を通じて、人々を支配する関係のことである。王と家臣、主人と奴隷、領主と農奴の関係などがそれにあたる。この関係の中では、労働する主体——従属する側の主体——にとって、労働は強制労働であり、労働生産物を彼が領有することはない。このような〈疎外↕収奪〉の関係が見られるのは、近代社会が始まる前の共同体の内部においてである。

普通は、収奪関係は、優位にある少数者と劣位にいる多数者の間に生ずる。しかし、この収奪関係が、ほぼ対等の、しかも多数の諸個人の間で成立する場合がある。このように表現するとややわかりにくいかもしれないが、実は、これは、きわめて一般的に見られる状況である。どの個人も他の個人たちから少しでも多く収奪しようとして——つまり他者たちから利益を得ようとして——互いに競い合い、切磋琢磨しているのだが、お互いの間に力の差がほとんどないために、誰が誰を支配しているとは言えないような状況を指している。ということは、典型的には、まさに市場がそうである。

このとき興味深いことが起きる。あるメカニズムを通じて、対等な多数の個人の関係の全体性を成り立たせる法則性が物象化され、競争し合っているすべての諸個人がひとしく、その法則に従属することになるのだ。このメカニズムの説明こそが、実は『存立構造』の最も重要な論点である。このメカニズムは、後で解説する。また、「物象化」は、この本を理解する上で、きわめて重要な概念である。物象化とは、本来は社会的な関係であるものが、あたかも物のような客体性を帯びて、人々を拘束することである。

この相互の収奪関係が展開しているとき、すべての個人が、物象化された法則に支配され、疎外されている、と言わざるをえない。これが、〈疎外↕物神化〉関係の水準（あるいは物象化水準）と呼ばれている。

後に詳しく解説するが、物象化水準の疎外は、市民社会《ゲゼルシャフト》的な関係のあり方の中でしか生じない。そこでは「諸個人の直接的な共同性の絆は解体し、各人は相互によそよそしい他者性としての他者と対峙」しており、必要な物を「物象化された相互依存の関係を媒介として獲得する」（一一八頁）。わかりやすく言ってしまえば、諸個人の間に愛情や友情のような心の絆がなく、彼らは互いに利害打算で依存し合っているのだ。こうした関係が成り立つための歴史的な前提は、私的所有や商品―貨幣関係である。

ここから、もう一段階の転回がある。物象化水準の疎外をもとにして、労働者の労働力能が、他者に収奪されることになるのだ。この転回のメカニズムについても後で解説するが、ここで念頭におかれているのは、資本—賃労働の関係であり、階級関係である。資本家に労働者が雇用され、賃金が支払われているとき、労働者の労働の一部は、資本家に収奪されている。その収奪が、資本の蓄積につながる。それゆえ、これは〈疎外↕蓄積〉関係の水準と呼ばれる。

整理すると、三種類の疎外の水準が提起されたことになる。

① 〈疎外↕収奪〉関係　前近代的な人格的支配における
② 〈疎外↕物神化〉関係　市民社会における
③ 〈疎外↕蓄積〉関係　物象化された収奪

第三の〈疎外↕蓄積〉関係も、一種の〈疎外↕収奪〉関係だが、①とは明らかにちがう。労働者が彼を雇用する資本家やあるいは管理職に従うとき、労働者は、資本家や管理者の人格に帰依しているわけではないからだ。

四つの社会類型

この後、これらの疎外の水準がどのような論理で生ずるのかが考察されるのだが、その前に、全体の構図を捉えるための、基本的な地図が与えられている。

まず、大きく二種類の社会の類型が提示されている。

共同体Gm：直接に人格的な関係性が優位《ドミネイト》する分業＝再生産システム

市民社会Gs：物象化的に媒介された関係性の優位する分業＝再生産システム　（一二〇頁参照）

GmとGsは、それぞれ、「ゲマインシャフト Gemeinschaft」「ゲゼルシャフト Gesellschaft」の略号である。ゲマインシャフトとゲゼルシャフトは、おそらく最も有名な社会学概念であろう。社会学者F・テンニースと結びつけられて記憶されているが、この概念を使用したのは、テンニースだけではない。

ゲマインシャフトかゲゼルシャフトかを見分けるわかりやすい基準は、関係において、他者の限定的な側面に関心が向けられているのか、あるいは非限定的（つまり全体的）に関心がもたれているのかということである。たとえば、あなたが医者にかかるとき、あなたは医者の医学に関する知識・技術という、彼の能力の機能的に特定された――つまり限定された――側面にしか興味をもっていないだろう。あなたは、その医者の人格に惚れたからその医者の患者になったわけではなく、彼が医者として有能だから彼を選んだのだ。これは、ゲゼルシャフト的な関係である。「物象的」ということと「限定的」ということは、（ここでは）ほぼ同義である。ゲゼルシャフトは、本書では、「市民社会」の他に、「集合態」「集列」などの訳語があてられている。とくに「集列」は、真木悠介に固有の訳語で、ゲゼルシャフトという概念をジャン＝ポール・サルトルの概念と（ひそかに）対応させている。

医者―患者の関係とは異なり、親の子に対する愛情は、非限定的である。親は、子の特定の性質を――たとえば「勉強がよくできる」とか「運動神経がよい」とか――を愛しているわけではなく、どの性質とも限定せず、その子を全体として人格的に愛しているのだ。家族は、典型的なゲマインシャフトである。ゲマインシャフトには「共同体」または「共同態」という訳語があてられる。

共同体と市民社会のそれぞれに関して、本源的なタイプ（オリジナル版）と転回されたタイプ（変型版）とが分けられる。何について、「本源的／転回された」が問題にされるかというと、所有形態である。本源的な所有形態Eとは、労働主体が所有主体になっている（つまり疎外がない）タイプであり、転回された所有形態Uは、労働主体と所有主体が異なる（つまり疎外がある）タイプである。なおEとUは、それぞれ、ドイツ語のelementarとumgeworfenの頭文字に由来する。

したがって、四つのタイプの社会を導きだすことができる。

前近代　本源的共同体Gm・E　→　転回された共同体Gm・U（疎外①）

⇓

近代　本源的市民社会Gs・E（疎外②）→　転回された市民社会Gs・U（疎外③）

三つの疎外は、右記のように対応している。すなわち、①〈疎外↕収奪〉はGm・Uにおける疎外、②〈疎外↕物神化〉はGs・Eにおける疎外、③〈疎外↕蓄積〉はGs・Uにおける疎外であり、Gm・Eだけは、疎外以前の（疎外なき）共同体である。

社会の三つの存立機制

ここで、『存立構造』第I部の序章「存立構造論の問題」に、少しばかり目を向けておきたい。この第I部は、したがって『存立構造』は、「人間がその人間としての生成以来、本源的に社会的な存在であった」という確認から始まる。その上で、社会を存在させる仕組みとして、三つの形態を挙げている。

(1) 即自的な共同態《ゲマインシャフト》（諸個人が直接的・即自的に社会的な存在である）
(2) 集合態《ゲゼルシャフト》（諸個人が媒介的・即自的に社会的存在である）
(3) 対自的な共同態（諸個人が対自的に社会的な存在である）

直接的／媒介的ということの意味は、ここまでの説明で理解できるだろう。ここでは、主として、交通の回路における媒介が関係している。

即自（的）／対自（的）は、ヘーゲルの弁証法の用語である。日本語よりも、英語（ドイツ語）で表記した方が、少しだけわかりやすいかもしれない。即自、対自は、もとを正せば、in itself (an sich), for itself (für sich) と、ごく普通の英語（ドイツ語）になる。即自an sichとは、自分自身を反省的に対象化する意識をもたない状態であり、対自für sichとは、自分自身に対して、反省的にまなざす意識をもっている状態である。思い切って単純化すれば、自分が何をしていることになるのか、自分は何者かといったことを意識せずに、無我夢中に行為している状態が「即自的」であり、自分の行為の意味は何であるのか、自分は何者なのかと、自分を突き放し、自分に対して距離をとって意識している状態が「対自的」である。(1)や(2)が即自的に社会的な存在であるというのは、その内部の個人たちは社会の全体を意識的に統御することができない、という意味である。

第Ⅱ部の社会類型と対応させれば、⑴が共同体Gmに、⑵が市民社会Gsにあたる。⑶にあたる社会は、第Ⅱ部には登場しない。⑶は、未だに存在しない――あるいは目下のところ部分的・暫定的にしか存在しない――未来社会のイメージだからである。

二　共同体的な回路の転回——①〈疎外↕収奪〉

対外関係の内転

第Ⅱ部第二章「共同体的な回路の転回」では、Gm・EからGm・Uへの転回の論理が説明される。疎外がなかった本源的共同体が、どのようにして、〈疎外↕収奪〉のある共同体へと転回したのだろうか。

本源的共同体の内部には、「〈外化をとおしての内化〉→〈内化なき外化〉」と転換させる契機はない。このような転換が起きるとすれば、共同体とその外部との関係においてである。外部とは、自然であり、他の共同体だ。自然の災害によって、労働の産物を（回収前に）失ったとき、あるいは、他の共同体との戦争に敗れて、奴隷化されたとき、〈内化なき外化〉が生ずる。

本源的共同体が内発的に——つまり自らすすんで——変容するのは、二種類の外部との緊張関係が、つまり対・自然関係と対・他共同体関係における緊張が、共同体自身の方に反作用的な影響を及ぼす場合である。

（I）対・自然関係が共同体に内転（内部への反作用）する帰結。自然の暴力性（洪水、旱魃等）から共同体を防衛したり、さらに自然を征服・開発したりするために、共同体は、自分自身の中に、共同の事業を統括する部門を生み出す。自然を制御する力を有すると考えられている呪術者・聖職者が、初期の技術者として統括の仕事を担ったと考えられる（真木悠介は、聖《ひじり》は日知りに由来しており、最初の天文学者であり農学者であったという事実を指摘している）。こうして、共同体に垂直的な分業が生ずる。

(II)対・他共同体関係の内転。他の共同体の潜在的な暴力性（侵攻、略奪等）から共同体を防衛すること、あるいはより進んで他の共同体を征服し搾取することを、共同体は課題としている。そのための共同の事業を効率的に実現するために、その事業を統括する者が、共同体の中から生み出される。これも垂直的分業である。

余剰の横奪

対・自然関係と対・他共同体関係の緊張は、共同体の富の一部を、メンバーたちの直接の享受から控除して――つまりすぐに皆で消費したりせずに我慢して――、備蓄することを要請する。いざというときのために、あるいは共同の事業のために、である。

また、共同体の中に生まれた垂直的な分業（知識を集中的にもつ者が現れたり、集団運営の組織者をもつようになること）は、共同体の生産力を高める。このようにして生まれた余剰生産物や戦利品は、最初は、共同体の公的な富として管理されるが、やがて、多くの場合、共同の事業の統括者によって私的に横奪されるだろう。要するに、共同体が蓄えた富を、支配者が自分のものにしてしまうのだ。

以上のプロセスを全体として捉えると、システム（共同体）を自己維持するメカニズムが、やがてシステムの性格を変質させるメカニズムに転化していることがわかる。共同体の中の一部の少数者は、外部（自然と他共同体）からの脅威ということを背景に、そこから庇護してやることと、その脅威を克服することを根拠として、他のメンバーたちを収奪し支配するからだ。こうして〈疎外↕収奪〉関係が、共同体の中に生ずる。収奪される者たちも、この収奪関係を規範意識として内面化し、自らすすんで富を支配者に与えるようになる。

共同体は最初は、自分たちの労働の成果の一部である剰余生産物を、「王」のような共同体を象徴する一者に、喜んで与えていたのかもしれない。その一者を讃えたり、一者に感謝するために。その限りでは、この一者が剰余生産物を独占し、享受すること自体が、共同の自己享受であるとも解しうる。「敬愛する王様に喜んで食べてもらえると、私もうれしい」と皆が感じていれば、つまり王様が「皆の代わりに」享受していると解釈できる状況が成り立っていれば、王様が剰余生産物を消費することが、広い意味での共同体による「自己享受」と見なすことができるのだ。また、実際、剰余生産物は、備蓄されたのちに、共同体の全体のために使用されることもあっただろう。蓄えられていた食糧が、飢饉のときに公平に分けられた場合などがその典型である。

しかし、いったんは外化されてしまった剰余生産物を、特定の支配者（たち）が私的に横奪してしまう可能性は避けがたい。

誰が収奪する支配者になるのか。もとを正せば、それはささいなことをきっかけにしているのだろう。他の人より少しだけ経験が多いとか、少しだけ心身の能力に秀でているとか。しかし、「はじめはわずかな窪みに水が流入して穿つように」（一三六頁）、つまりささいな違いが雪だるま式に拡大して、その支配者やその子孫が、圧倒的なカリスマや権威をもつかのような幻想が定着することになる。

一見、支配者と従属者の関係は、〈疎外↕収奪〉の関係ではなくて、相互的な譲渡と領有の関係に見える。支配者は、従属者から富や労働を得る代わりに、共同の事業を組織し、彼らの安全を確保しているからである。しかし、支配者が、どうして、共同の事業のために、富を拠出できるのかを考えてみるとよい。どうして、支配者には、そんなに譲渡するものがあるのかを考えてみるとよい。結局、支配者が与えているものは、彼が、過去に収奪したものにほかならない。つまり、彼は過去に領有したものと現在の領有とを交換しているのである。従属者から見ると、自分の過去の労働と自分の現在の労働を交換していることになる。したがって、支配者と従属者の関係は、相互的な譲渡とは見なしえない。

以上の論理が一つの社会の全体を動かすのは、主として、前近代の段階である。しかし、現代社会の中でも、さまざまな場所で、たとえば家族の中で、あるいは職場集団の中で、地域社会の中で、ＮＰＯ等の運動体の中で、同じような論理が働いているだろう。その意味で、この論理のアクチュアリティは、決して失われることはない。

三　商品世界の存立構造——②〈疎外↕物神化〉

『存立構造』の山

次に解明すべきは、市民社会的な社会Gsにおいて、物象化としての疎外が生ずる論理である。本書で、最も重要な部分を一か所挙げるとすれば、まさにこの章（第Ⅱ部第三章「商品世界の存立構造」）、この章で究明されている論理になるだろう。ここにこそ、『存立構造』という書物の最も重要なオリジナリティと、最も大きな知的貢献がある。さらに、ここで説明されている論理が、本書の中で何度も反復的に活用されている。われわれは、この論理を熟読し、理解する必要がある。

物象化とは、先にも述べたように、（社会的）関係が、あたかも客体としての物のように現れ、人々を拘束することである。だが、物象化はどうして疎外としても把握されるのか。先にも述べたように、疎外と収奪は表裏の関係にある。前章（二「共同体的な回路の転回」）で見た〈疎外↕収奪〉関係においては、疎外されている者の対極に収奪者がいる。しかし、物象化の現象においては、どこにも、可視的な収奪者は見出せない。どうして、物象化も疎外なのか。

真木悠介は、第Ⅱ部第三章で、物象化の論理を、『資本論』の中でも最も有名な箇所、価値形態論の流れにそって、説明している。しかし、その説明は、慣れない者には困難な坂道のようなものになっている。第一に、一つずつブロックを積み上げるように展開していくため、論理の中核の部分がどこにあったのかを見失いがちである。第二に、マルクスの価値形態論に寄り添い過ぎていることからくる困難がある。価値形態論は、資本主義的な市場における商品関係についての論理である。しかし、真木悠介の物象化の論理は、商品関係からは独立した一般性をもつところにこそ、その長所がある。価値形態論にあまりに忠実に従うことは、この優位点を見えにくくするという難点がある。

しかし、幸いなことに、第Ⅱ部第三章とほぼ対応する内容は、第Ⅰ部第一章「社会諸形象の〈客観的〉存立の機制――物象化の原基的論理」にも書かれている。こちらは、論理の骨格だけを提示しており、そのほうがかえって、ことがらの本質をずばりと表現している。そこで、われわれの解説は、主に、第Ⅰ部の論述をもとにして行うことにする。

直接に人格的な分業関係――『ミル評註』から

だが、物象化の論理を追求する前に、確認しておきたいことがある。〈疎外↕物神化〉は、市民社会的な関係性の中から発生する。市民社会的な関係性とは、しかし、どのようなものなのか。この点を理解するためには、逆に、市民社会的ではない関係性、市民社会的ではない分業関係を見ておくとよい。第Ⅱ部第三章には、市民社会的な分業の対極にある分業関係のイメージとして、マルクスの『ミル評註』の次のような記述が引用されている。『ミル評註』は、『経哲草稿』と同時期に書かれたもので、やはり初期マルクスの思想を知る重要な手がかりとされている文章である。

「われわれが人間として生産したと仮定しよう。そうすれば、われわれはそれぞれ、自分の生産において自分自身と他人とを二重に肯定したことになろう。(一)私は、私の生産活動において私の個性とその独自性とを対象化したことになる〔……〕。(二)私の生産物を君が享受あるいは使用することのうちに、私は直接につぎのような喜びをもつであろう。すなわち、私の労働によって、ある人間的な欲求を満足させるとともに人間的な本質を対象化したと、したがって他の人間的存在の欲求にその適当な対象を供給したと意識する喜びであり、(三)君にとって私は、君と類との媒介者であったのであり、したがって君自身が私を君の固有の本質の補足物、君自身の不可欠の部分であると知り感じており、したがって君の思惟においても君の愛においても君が私を確証していると知る喜びであり、(四)私は、私の個人的生命発現によって直接に君の生命発現をつくりだしたのであり、したがって私の個人的活動のうちに直接に私の真の本質、私の共同的本質を確証し実現したのだという喜びである。」

(『存立構造』一四三—一四四頁)

私が、上衣の生産者だとする。私が作った上衣を君に使ってもらうことによって、私のよろこび、私が自分を肯定する幸福感が二重になる、という趣旨のことが書かれているのだが、記述にそって、順に確認しておこう。（一）私が、自分らしい上衣を制作できたことによろこびを覚えるという意味で、わかりやすい。（二）私が作った上衣を君が着て、人間としての誇りやよろこびを感じてくれたこと、つまり私が君の人間的な欲求を満たしたことが、私にとってうれしい。（三）「類」とは、人類（人間）のことである。君は、私が作った上衣を使うことで、人間であることのよろこびに目覚めたのだから、その意味で、私は、君と人類とをつなぐ媒介者だったことになる。君もそのことを認識しており、君は、私を「たいせつな人」「不可欠な人」として愛してくれている。その君の私への思いを知り、私はよろこびを感じる。（四）私は自分の身体を動かすことで、君が生きるうえで不可欠なものを作ったことになる。それは、私があなたと同じ類の仲間（人類同朋）だからであり、そのことで、私は、私自身にとっての本質でもある共同性を実現したこと、人間としての絆を深めたことを確信し、よろこびを感じる。

市民社会的な分業関係においては、――他者との関係が入っていない（一）は措くとしても――他の三つの条件がすべて否定される。私は、上衣を作って、売っている。（二）私は、自分の上衣を買った人がどんな人か、どのように上衣を使うかを知らず、その人が上衣を使ったことに、特によろこびも幸福感も覚えない。確かに客観的には、(三)私の上衣の買い手は、私の上衣を通じて人間としてのよろこびを感じ、私はその相手と類との媒介者だったのかもしれないし、(四)その人が生きる上で、私の上衣が役立っているのかもしれないが、それらのことを私が知ることも、感じることもないので、それらの客観的事実は、私のよろこびとは関係がない。

媒介の対象的な主体化

『ミル評註』が描いているのは、共同態的な分業関係である。これと、集合態（市民社会）のそれとは、どこに違いがあるのか。共同態においては、人間たちの共同性が直接的である（ダイレクトに共感できたり、透明に相手の思いを知ることができる）。それに対して、集合態においては、諸個人の主観が個別化されているため、共同性は媒介されている。媒介の機能を果たすのは、事物であったり、特定の人物であったり、あるいは言語観念であったりする。媒介たる事物の代表が、貨幣である。

このように、集合態においては、諸個人の主観が個別化されていることとの反作用として、媒介された共同性が存立することになるのだ。このとき、

諸個人の実践的相互連関のうみだす力、「社会的諸関係の総体」の固有の力は、これをおの

おのの個人のがわからみると、媒介たる事物や人物や言語的観念自体に内在する力のようにみえる。

たとえば貨幣は、諸商品相互の関係を媒介する一般的な等価形態であることによって、ぎゃくにこれらのすべての商品の価値尺度として、つまり意味づける主体としてたちあらわれる。すなわち貨幣は、それぞれが私的な利益のために孤立して実践する商品生産者相互のあいだを、媒介する一般的な紐帯であり「取りもち役」であることによって、逆にこの商品社会の王となり「目に見える神」とまでなる。（四〇頁）

媒介——たとえば貨幣——は、集合態の諸個人にとっては、本来は、便利な道具であり、卑しい対象——つまりは奴隷のようなもの——である。あるいは、媒介は、諸個人にとって、他者を自分の奴隷にするための用具であると言ってもよい。しかし、この媒介は、集合態においては普遍的であるがために、つまり、どの他者と関係するにも、どの他者を（奴隷のごとく）活用するためにも必要であるがために、すべての個人は、その媒介を求め、その媒介に近づき、その媒介に仕えるしかない。個人にとっては、媒介だけが、社会的関係のすべてにかかわりうる通路であるため、まるで、「社会的諸関係の総体」の固有の力がその媒介に宿っているように見える。こうして、媒介が、どの個人から見ても、神のごときものとして現れ、彼らの人生を意味づける主体になる。つまり、その媒介をどのくらい獲得したか、あるいはその媒介とどれだけ近い関係を築くことができたか等の、媒介とのポジティヴな関係が、彼らの人生の意味となるのだ。

このようにして、本来は卑しいもの――つまり対象＝媒介に過ぎないもの――が、その卑しさのゆえに、高貴なもの、神のごときものへと転ずる。こうしたことは、貨幣のことを思うと、最も理解しやすい。われわれは、媒介に過ぎない貨幣のために生きていると言っても過言でないほどだからだ。しかし、ここまでの論理の中にすでに意味されているように、こうしたメカニズムは、貨幣にだけ通用するわけではなく、諸個人の間を媒介するすべての対象において働くはずだ。

媒介がその普遍的な対象性のゆえに、普遍的な主体性に転位するというこのメカニズムは、のちに〔……〕検討するように〔……〕、あるいは「資本」の、あるいは「国家」の、あるいは「神」の存立の機制そのものに他ならず、経済諸形態、権力諸形態、意識諸形態におけるさまざまな水準の物神性の秘密に他ならない。（四一頁）

商品―貨幣にそくして

もう一度、商品―貨幣にそくして、論理の骨格を復習しておこう。

人びとはこの貨幣を媒介として、相互に他者の労働を領有し合う。欲求の主体としての彼らそれぞれの支配力《ヘルシャフト》（＝〈主〉《ヘル》・たること《シャフト》）は、その実体をこの貨幣のうちにもっている。〔……〕支配力はいまや、彼らじしんの人格のうちにではなく、これらの物象のうちに存在するからである。（一五四頁）

貨幣を媒介にして他者の労働を領有するとは、貨幣によって、他者の労働の産物であるところの商品を獲得することができる、という意味である。貨幣をもっていれば、他者の労働を支配する主人になったに等しい。

しかし、

彼らは〈主〉《ヘル》たりうるためには、この物象〔貨幣〕を所有しなければならない。すなわち欲求を充足するためには、この貨幣をひきよせるような労働に〔……〕従事しなければならない。彼らは自己の欲求を、他者たちの労働をとおして充足するために、この物象のよびかける《ベルーフェン》労働をみずからに課する。（一五五頁）

貨幣のよびかける労働とは、端的に言えば、もうかる労働、売れる商品を作る労働ということである。音楽が好きでも、作った曲がまったく売れなければ、その人は、上衣作りの工場で働かなくてはならない。彼は主人（貨幣所有者）になるために、貨幣のよびかけに応じた労働に（しばしばしぶしぶと）従事する奴隷にならざるをえない。なお「よびかける」にドイツ語のルビがあるのは、ルターが、ドイツ語訳聖書で、「職業」に、「Beruf（召命・天職 calling）」という語をあて、労働に宗教的な意味を与えたことを踏まえている。

かくして彼らは、まさしくおのおのが〈主《ヘル》〉たらんがために、この物象の〈奴《クネヒト》〉としてみずからを規定する。この自己疎外は、しかし対極に可視的な人格としての収奪者をもたず、貨幣という物神に向っての疎外として定在する。　（一五五頁）

何度も出てくる〈主人―奴隷〉の比喩は、ヘーゲルの『精神現象学』の中で最も有名な部分（「自己意識」の項）を踏まえている。ヘーゲルの議論でも、主人と奴隷の闘争の中で、主人と奴隷が逆転してしまうところに、ポイントがある。以下の文章は、全体の流れを要約している。

貨幣は創生の機制からいえば、あくまでも一般的対象性として、受動的にその商品世界から押し出され、規定づけられたものにすぎない。しかし貨幣がいったん貨幣としてその排他的な地位を固定すると、それはまさしくこのような絶対の対象性であることによって、ぎゃくに絶対の主体性へと転回する。（一五五頁）

貨幣（媒介）のこうした支配力の原泉にさかのぼれば、意識の面では互いに孤立していながら、客観的には——巨大な協業的な分業を通じて——相互依存している、諸個人の間の（市民社会的な）共同性がある。伝統的な共同態では、神々や精霊などの共同幻想の対象は、憑くための依代を必要とする。神々が降りてくるとされる柱や樹木、死霊を口寄せさせる巫女や童子などが、依代である。貨幣などの媒体は、市民社会の協業的分業の依代だと見なすことができる。

以上のような、市民社会＝集合態において対象であった媒介が主体化することをもって、〈疎外↕物神化〉の関係（物象化水準）と呼ぶ。〈疎外↕物神化〉が帰結するのは、何度も述べてきたように、諸個人が互いに、相手を自分の欲望のために活用し合おうと激しく競争し合っているからだ。つまり、〈疎外↕物神化〉は、諸個人の間の相互的な〈疎外↕収奪〉の修羅場の結果である。この意味で、〈疎外↕物神化〉は〈疎外↕収奪〉を内部に組み込みつつ、否定し乗り越えるもの——ヘーゲルの弁証法で言うところの「止揚するもの」——と解釈することができる。

主体の自己疎外と物象の再人格化

このような物象化が生じているとき、個々の人間たちはこれにどう対応することになるのだろうか。個々の人間たちに対しては、互いに矛盾した帰結が生ずる。

一方で、個々の人間にとっては、今や、「社会」の全体は——媒介が独立の主体のように自立したことに対応して——自分の外に存在するモノのようなものに見えている。彼としては、これを利用したり、適応したり、ときに反抗したりすればよい。「社会」は、彼にとって、ただの外的な環境である。彼は、自分自身の生を、自由に勝手に意味づけることができるので、小さな神である（自己神格化）。

しかし他方で、個々の人間は、自分の外にある市民社会的な協働連関に従うことでしか生きていけない。簡単に言えば、彼は、貨幣が要請する職業に従事できるように、つまり分業体系の中で求められている能力を身につけるべく、自分を訓練するしかない。もっとはっきり言うと、彼は、自分の好き嫌いや希望とは独立に、需要のある職業、しかるべき賃金や収益が得られる職業に就くほかなく、そういう職業に就くことができるように知識を身につけたり、技術を獲得するしかない。たとえば、彼は音楽が好きで、ミュージシャンになりたいと思ってはいるが、彼が作った曲を買ってくれる人は誰もいないとする。しかし、自動車工場は、多くの工員を募集している。このとき、彼は、ミュージシャンをあきらめ工員になるだろう。この意味では、本質的なものは、その職業を――この例では自動車工場の工員を――要請する外部の分業のシステムであり、彼は、その中の部品――しかも（彼と同等な能力をもつ他者たちと）取り替え可能な部品――に過ぎない（自己物象化）。

このように個々の人間は、一方では、小さな神だが、他方では、社会の偶然的な部品（たまたま自分が務めているが他の誰でもよかった部品）である。この矛盾は、どうやって解決されるのだろうか。外部に物象化されている社会システムの運動に、自らすすんで――つまり自分の自由意思で――適合することによって、である。各個人は、システムの運動を、一つの「運命」として自ら引き受け、愛するならば、外部の運動に従属しながら、「小さな神」としての精神の尊厳を傷つけられずにすむだろう。自分から進んで従属しているならば、その個人は（主観的には）「従属」したことにならないからである。先の例をもう一度使えば、彼が、自分は（もともと）自動車工場の工員になりたかったのであり、それこそが自分の「天職」だと思いなせば、自尊心は傷つかずにすむだろう。

社会学方法論の革新

以上に概説してきた論理、〈疎外↕物神化〉関係をもたらす論理は、社会学の方法論に対しても新しい提案を含んでいる。

われわれは、「社会」に関して、二つの互いに矛盾する常識的な観念をもっている。一方に、「社会」は、個人からは独立して、物的な事象のように存在しているという感覚がある。たとえば、「国民の意思」というとき、個々人とは独立の「国民」なるものが意思を有するかのようなイメージをもつ。あるいは、「私はともかく、世間がそれを許さないだろう」などというとき、私からは独立した「世間」なるものの欲望や感覚を問題にしている。しかし、他方では、「社会」とは個人の集まり以外のなにものでもなく、要するにわれわれ自身のことである、という常識ももっている。こちらの常識からすると、われわれからは独立した「社会」というイメージは、成り立たない。

これら二律背反の状況にある二つの常識に対応して、社会学の方法論（理論的な道筋）にも、二つの立場がある。一つは、方法論的集合主義とか、社会実在論などの呼び名をもつ方法論で、「社会的事実」とか「集合表象」などの、個人からは独立した、社会的な水準でのみ成り立つことがらを論理の出発点として、さまざまな社会現象を説明する。もう一つは、方法論的個人主義とか、社会名目論などの呼び名をもつ方法論で、これは、個人の意志や心理など、個人やその行為に関する性質を出発点として、さまざまな社会現象を説明する。二つの立場は、社会学史上の二人の巨人にそれぞれ対応させるのが、学説史の常識となっている。つまり、前者がデュルケームの、後者がヴェーバーの理論的な立場であった、ということにされている。『存立構造』は、この二律背反を乗り越えるものになっている。

この点を理解する上で、マルクスにおける〈疎外論〉図式から〈物象化論〉図式への転換という、廣松渉によって提起されたアイデアを間に挿入すると好都合である。ここまでにも何度か言及してきた『経哲草稿』の初期マルクスは、〈疎外論〉図式で考えていた。しかし、廣松渉によると、その翌年以降にマルクスがエンゲルスと共同執筆した『ドイツ・イデオロギー』（一八四五―四六年）では、マルクスには、根本的な視座の転回が見られる。新たに獲得された視座が、〈物象化論〉図式である。それ以降のマルクスの著作――当然『資本論』も含まれる――は、〈物象化論〉図式に基づいている、というのが廣松の解釈である。

初期マルクスと後期マルクスの間に、〈疎外論〉／〈物象化論〉という断絶がある、というマルクスの読み方は、学界・思想界に大きな論争を引き起こした。そのような断絶はない、とする立場の論者もいる。真木悠介は、この点に関しては、明白に廣松に好意的な立場をとっている。〈疎外論〉図式と〈物象化論〉図式とは、どう違うのか。〈疎外論〉図式は、簡単に言えば、次のような論理で考える視座である。

S（主体）→O（対象）

対象として現れる、社会的なものは、主体の内的なものの外化された姿である、と解釈するのである。たとえば、「神」という宗教現象を考える。当然、信者にとっては、「神」は客観的に存在している。しかし、〈疎外論〉図式を適用したときには、「神」は、信者たちの内的な観念を外化したものである。しかし、このように考えた場合には、そのような内的な観念、外化される前の内的な本質（S）は、どうして存在しているのか、それはいかにして形成されたのかは、説明されない前提になる。

〈物象化論〉図式は、〈疎外論〉図式を次のような構成に置き換える。

R（関係性の特定形態）
↘ O（物象化された対象性）
↙ S（疎外された主体性）

まず、出発点には、社会的な関係性の特定の形態Rがある。言い換えれば、自然発生的に展開してきた分業関係が、論理の原点である。ここから、物のように現れる対象化された「社会的なもの」Oと、疎外された主体のあり方Sとが、両極分解するようなかたちで派生する。これが〈物象化論〉図式である。

方法論的集合主義と方法論的個人主義とが対立していた、従来の社会学方法論は、〈疎外論〉

図式の地平にある。〈疎外論〉図式の基本は、SとOとの二つに実体のみを認め、両者を対立させるところにある。〈疎外論〉図式にできるだけ忠実であろうとするのは、方法論的個人主義である。しかし、一般には、S→Oというルートは見つからない（個人たちの意思や心理を足し算していっても、社会的なものを導きだすことができない）。そこで、Sから断絶したところにまずOを定め、もし可能ならば、ルートを（OからSへと）逆向きにたどろうとするのが、方法論的集合主義である。

それに対して、ここに紹介してきた『存立構造』は、〈物象化論〉図式に則っている。Rにあたるのは、市民社会的な関係性、つまり競争的・相剋的な諸個人の間の媒介された共同性である。ここから、一方で、普遍的な対象としての媒介が人々の生のあり方を規定するものとして主体化する（O）。他方では、諸個人が自己神格化／自己物象化という形式で疎外される（S）。〈物象化論〉図式は、方法論的個人主義と集合主義の対立を成り立たせる土俵自体を、Rを原点にして説明してしまうのである。

四　市民社会的回路の転回——③〈疎外↕蓄積〉

媒介の階級的な収奪

〈疎外↕物神化〉を帰結する論理を理解しておけば、『存立構造』は、断然、読みやすくなる。次に生ずるのは、物神化された媒介（貨幣）そのものの収奪である。

そうしたことが起こる現実的・歴史的な条件は、労働力の商品化である。資本主義（市場経済）に先行する、あるいは資本主義に外在する事情によって、一方には、生産手段を有する者——たとえば土地を所有していたり、機械や工場を用意するだけの資産をもっていたりする者——がいて、他方には、労働力以外には、売るべきものをもたない者がいたとする。前者が資本家、後者が労働者である。

こうした条件のもとで、資本家は、労働力（という）商品を購入する。別の言い方をすれば、資本家は、労働者に賃金を払って、彼（ら）を雇用し、生産に従事させる。ここに「資本—賃労働」の関係、階級的な垂直関係が生ずる。この関係において剰余価値が生産される、というのが『資本論』の論理で、『存立構造』は、その論理に従っている。どうして、剰余価値が生産されるのだろうか。労働力という商品が特別な商品、価値を生み出す唯一の商品だという事実が鍵である。
労働力商品の売買が、他の商品の売買と特に異なっているわけではない。つまり、労働力商品の売買も、（労働価値説の観点からすると）等価交換である。等価交換とは、一般に、商品の再生産に必要な労働に相当する価値を支払うことである。労働力商品の場合には、したがって労働力の再生産に必要な労働、つまりは労働者の生活に必要な労働（に相当する価値）の分だけ賃金として支払えば、正当な等価交換になる。ところが、労働力は価値を生産する商品であるため、必要労働分に相当する価値以上の価値を生み出してしまう。この必要労働を超える価値を、剰余価値と呼び、それを生み出した労働を剰余労働と呼ぶ。

必要労働の分に関しては、労働者は等価を受け取っている。しかし、剰余労働時間に関しては、労働者は全面的に資本家に収奪される。剰余価値が生産されると、貨幣は資本に転化する。資本の物神性は、貨幣の物神性とは異なっている。まず、〈疎外↕物神化〉の関係（貨幣物神の水準）があって、それを前提にした上で、〈疎外↕収奪〉の関係が成り立っているのが、資本の物神性だからである。

資本家は、単純再生産的に、あるいは拡大再生産的に資本を循環させるためには、領有した剰余価値を資本の中に少しずつ補塡していかなければならない。そのうちに、「循環している資本のすべてが、もとを正せば剰余価値だ」という状態になるだろう。つまり、資本家が領有する資本の中には、資本家の労働に由来する部分がまったくなくなってしまう。こうして、本来の商品生産の所有法則（労働しただけ所有する、外化をとおしての内化）が、資本主義的な領有の法則（労働なしの領有、外化なき内化）へと転回する。

これが〈疎外↕蓄積〉の関係である。この関係を労働者階級の全体の中で見たときには、「人口法則」がセットになっている。人口法則とは、資本の周期的な膨張―収縮が、資本にとっていつでも自由に雇用しうる人的資源のストック、すなわち「相対的過剰人口」を存在させるメカニズムをいう。好況時には、資本は、たくさん労働者を雇いたいが、不況になったときには、労働者を解雇したい。そんなことが可能なためには、「相対的過剰人口」としての労働者のプールが必要だ。

ここで、相対的に過剰とするときの基準が重要だ。何に対して過剰なのか。資本の増殖欲求に対して、である。資本の側が意味づける主体で、人間は意味づけられる客体である。

相対的過剰人口は、自分の労働を売る（つまり就職する）必要があるが、その必要を必ずしも充足しえない労働者の集合（人口）である。資本の方は、この中から、自分にとって必要な分をいつでも雇用することができるし、必要がなくなれば、彼らを解雇することもできる。今日の「非正規労働者」は、典型的な相対的過剰人口である。

資本に内化される主体的な労働

媒介（資本）そのものが合理化・機械化を貫徹させることによって、資本による労働の支配は完成する。ここで考慮されているのは、生産の効率を上げるための、生産手段や労働組織の合理化である。それは、具体的には、機械と工場という物的なかたちをとる。

真木悠介は、生産手段・労働組織の機械化・合理化は、集合態《ゲゼルシャフト》の原理に由来する精神が、生産過程の内部に影響を与えたことの結果であると説明している。この部分の論理は、本文（第Ⅰ部第二章）に直接あたってほしい。

労働者の労働は、一方では、資本のうちに、一個の部品＝客体のように組み込まれつつ、他方では、主体的な活動・実践でもなければならない。労働者が――機械とは違って――主体であるからこそ、（剰余）価値を生産することができるからである。したがって、労働者は、半ば客体でありつつ、半ば主体であるという、あいまいな性質を帯びなくてはならない。このことを証明するために、真木悠介がサルトルの『弁証法的理性批判』から引いている、ある工場の女工の例が興味深いので、紹介しておこう。

ある工場の労働者意識の調査をしたところ、半自動的な機械に従事する女工たちが働きながら、性に関する夢想に心を任せていたことがわかったという。

「女は前日の快楽を想起することも、翌日のそれを夢想することも、読書のさいに感じとられた性的な動揺をはてしなくかきたてることもできる。また彼女は性的なものからのがれて彼女の個人的条件の苦味を咀嚼することもできる。本質的なことは、これらの夢想の対象が同時に主体自身であること、たえず執着が存在することである。」〔……〕「もし女が夢想から醒め、彼女の夫や恋人のことを考えるならば、労働は停止するか緩慢となってしまうのである。」〔……〕「それは彼らが〈第一の性〉、能動的な性だからである。」〔……〕「女工は性的耽溺を考える。なぜなら、機械は彼女が彼女の意識的生活を受動性の中に生き、柔軟で予防的な警戒心を保ち、活動的思惟の中に動員されることが決してないようにすることを要求するからである。」「彼女たちの労働によって要求される種類の注意は、じっさい、彼女たちに気を紛らせること（他のことを考えること）も、精神を完全に〔その作業に〕適用すること（思惟はここでは運動を緩慢にする）をも許さなかった。機械は機械を完成するところの逆転された半自動性を人間において要求し創造する。」（一七四—一七五頁）

女工は、ここでぼんやりと性的なことに想いをめぐらしている。彼女が、そういう夢想すら働かせられないほど、完全に機械のごとく自動化してしまうのは、資本にとっても、かえって困るのである。勝手に私的なセックスのことを反芻してしまうくらいには、女工は主体的でなくてはならない。かといって、女工が、完全な主体性、完全な精神性を発揮してしまうのも困る。完全に自動化してしまうと、女工はもう機械装置の一部なので、剰余価値を生み出す労働力ではなくなってしまう。しかし、完全に自律的・主体的な精神を発揮しはじめると、女工は、機械のリズムに適合することができなくなる。ここで調査された女工たちのように、労働者は、半自動的で半精神的、半客体的で半主体的であることが求められている。

労働者階級は、やがて、生産過程だけではなく、全生活において、〈資本〉の要請に適合してくる。つまり、労働者階級は〈資本・内・存在〉と化す。人が、就職に有利な技術を身につけたり、資格をとったりするとき、すでに〈資本・内・存在〉として生きている。〈資本・内・存在〉は、さらに〈機械・内・存在〉〈装置・内・存在〉、あるいは〈機構（組織）・内・存在〉といった諸様相をとるが、それぞれについてここでは詳細には説明しない。

第四水準の疎外——資本（家）自身における疎外

このように資本は労働を収奪する。ところで、資本（家）同士がまた、相剋的な関係——相互に競争し合う関係——にあることを想わなくてはならない。彼らは、自らの利潤を上げるために、相手を出し抜き、収奪しようと、互いに激しく切磋琢磨している。つまり、資本（家）間の関係は、市民社会における個人間の関係と同じように、集列的《ゲゼルシャフト》なものである。

とすれば、ここにも、本稿第三章で解説した、物象化としての疎外（〈疎外↕物神化〉）の論理が、働くはずだ。相互に収奪し合う競争関係にある諸個体の間では、それらの個体の相互依存の関係を媒介する要素が、神的な主体へと転換し、諸個体を拘束するようになる、というあの論理が、である。ここでは、個体に対応するのは、その内部に階級関係（資本―賃労働関係）を組み入れた個々の資本である。要するに、物象化の論理、つまり〈疎外↕物神化〉のメカニズムが、資本間の関係という、一段高い次元で、繰り返されるのである。

『存立構造』は、高次元の物象化と解釈しうる社会・経済現象をいくつか挙げているが、ここでは、真木悠介の論述を若干補いつつ、一例だけ紹介しておこう。資本同士は、自分自身の利潤率を高めようと、互いに競争し合っている。利潤率とは、全資本に対する剰余価値の比率である。その結果として、必然的に、利潤率均等化の法則が貫徹せざるをえない。利潤率は、平均化していくのだ。

のみならず、『資本論』によれば、利潤率は傾向的に低下せざるをえない。「傾向的な低下」とは、細かくみれば高低の揺らぎを経るが、全体として低下するトレンドがある、という意味である。どうして、利潤率は傾向的に低下するのか。

利潤率 r に関しては、次の等式があてはまる。

$$r = \frac{m}{k} \quad \cdots\cdots ①$$

この式で、mは剰余価値を、kは資本の総量を表している。kは、可変資本vと不変資本cの和である。可変資本vというのは、剰余価値を生み出す資本という意味で、要するに労働力の購入にあてられた資本である。それに対して、不変資本cは、材料とか機械などの他のもの——つまり生産手段や原材料——に使われている資本である。すなわち、

$$k = c + v \quad \cdots\cdots ②$$

である。

利潤率を上げるために、資本家は、労働の生産性を上げようと、互いに競争をしている。労働の生産性を上げるためには、新しい設備や機械などを導入する必要がある。このことは、当然、可変資本に対して不変資本を相対的に大きくする。$\frac{c}{v}$をマルクス経済学では、資本の有機的構成と呼び、この値が大きくなることを、資本の有機的構成の高度化と呼ぶ。

①に②を代入すると

$$r = \frac{m}{c+v} \quad \cdots\cdots ③$$

となる。さらに③式の右辺の分母・分子をv（可変資本）で割ると、次のような等式を得る。

$$r = \frac{\frac{m}{v}}{\frac{c}{v}+1} \quad \cdots\cdots ④$$

この④の等式の右辺の分子m/vは、一単位の可変資本からどの程度の剰余価値が発生しているかを——剰余価値率を——表しており、それは、わかりやすく言えば、資本が労働力をどの程度収奪・搾取しているかの指標である。資本の有機的構成（c/v）が高度化すると（大きくなると）、④の分母が大きくなる。もし、剰余価値率（労働力を収奪する程度）が一定であるとすると、資本の有機的構成が高度化すれば、利潤率rは小さくなる。以上が、利潤率の傾向的低下の法則が帰結する理由である。

資本同士の集列的な関係（互いの競争）は、必然的に、利潤率均等化の法則や、利潤率の傾向的低下の法則を貫徹させ、資本は、否が応でも、これらの法則に従わざるをえない。このようなあり方は、まさに、物象化の論理である。これらの法則が、〈物神〉として、資本を従わせるのだ。その最終的な帰結こそは、恐慌にほかならない。

『資本論』との対応について

先にも書いたように、真木悠介の『存立構造』にとって、最も重要な知的背景は、マルクスの諸著作、とりわけ『資本論』である。

『存立構造』において基本的な骨格が示された構成は、実は、『資本論』の展開と緊密に対応している。どのように対応しているかは、第Ⅰ部第二章の「物象化の理論としての『資本論』の論理構成」の項に、一目でわかる見取り図のようなかたちで示されている（五三頁）（他に第Ⅱ部第五章第Ⅲ節の補註〔一八九頁〕にも、基本的なことが書かれている）。

この見取り図を通じて、『資本論』という大部な著作が、何をねらって書かれているかを明確に捉えることができる。

結　物象化の総体的な展開――経済形態・組織形態・意識形態

外化された共同本質

『存立構造』の最も重要な理論的含意は、物象化としての疎外が生ずるメカニズム、〈疎外↕物神化〉の水準が市民社会的な関係の中から生じてしまうメカニズムの説明にある。その論理は、次のように要約される。

市民社会は、そのつながりが媒介的・即自的な相互依存の関係であるがゆえに、そのような自己の共同本質《ゲマインヴェーゼン》を、一つの普遍的な他者、各私人にとっての共通的な他者として外化し、対象化し、疎外して存立せしめる。（六八頁）

つながりが媒介的であるというのは、交通の回路／他者性の回路を通じてつながっているということであり、即自的であるというのは、その回路が意識的に統御されておらず、当事者たちの意識から独立に客観的に成り立っているという趣旨である。このようにして、対象化され、疎外された、市民社会の共同本質こそが、貨幣であった。

だが、市民社会の中から、同じ論理によって押し出されてくる共同本質は、貨幣だけではない。したがって、『存立構造』によって究明された理論が適用できるのは、経済形態だけではない。その理論は、集合態的な現代社会の諸現象に対して、一般的な拡がりをもった含意をもっている。第Ⅰ部第三章と第Ⅱ部第五章（の結末部分）に、この点が説かれている。それが、本書全体の「まとめ」的な意義をもっている。

『資本論』は、当然ながら、経済形態（商品、貨幣等）を中心的な主題としている。しかし、『資本論』は、経済形態について論じつつ、常に、二つの系列の話題を、隠喩的な伴走者として頻繁に呼び出している。二つの系列のうちの一つは、「王位」「金モール」等の、権力の秩序（組織形態）の存立の仕組みにかかわる話題であり、もう一つは、「神」「ミサ」等の、宗教的観念（意識形態）の存立の仕組みにかかわる話題である。

このような隠喩が頻繁に用いられるのには、理論的な理由がある。つまり、これは、ただの文学的な修辞の問題ではない。政治形態における〈国家〉、意識形態における〈神〉もまた、〈貨幣〉と同様に、市民社会の外化された抽象的な普遍者（公的なもの）だからである。

再・共同化の三つの媒介

だが、問題は、どうして市民社会の共同性は、貨幣・国家・神的観念といったように三重の現れ方をするのか、ということである。市民社会のメンバーが、自分だけの時間の中にとじこもり、個別化・自立化したときに、それら諸個人を関係づける再・共同化のメカニズムは、媒介の三つの形態に対応した三重の様相をとるからである。

第一に事物《モノ》を媒介とする様相があり、第二に他者《ヒト》を媒介とする様相があり、そして、最後に、記号《コトバ》を媒介とする様相がある。これらは、関係の分類ではない。同じ関係を、どの媒介に着目するかで、三つの様相をとるのである。たとえば、ある個人と別の個人が生産物を交換すると見れば、それは、事物を媒介とする関係である。しかし、この交換が成り立つためには、互いの間だけではなく、社会の他のメンバーたち（第三者）によって所有権が承認されていなくてはならない。これは、他者《ヒト》を媒介とする関係の様相である。そして、交換も所有権の承認も、具体的には、記号《コトバ》を媒介として行われる。

これら三つの媒介の様相のそれぞれに対応して、〈疎外↕物神化〉のメカニズムが働く。

(I)媒介としてのモノ　—（物神化）→　貨幣（商品、資本）
(II)媒介としてのヒト（のシステム）　—（物神化）→　国家（公権力、官僚制）
(III)媒介としてのコトバ（のシステム）　—（物神化）→　理念、科学、芸術等

（Ⅰ）が経済諸形象の物神化、（Ⅱ）が政治諸形象（組織諸形象）の物神化、（Ⅲ）が文化諸形象（意識諸形象）の物神化である。

三つは、市民社会の「神」である。それぞれの神は、――ちょうど伝統的な共同体でたとえば人神《ひとがみ》や言霊がそうであるように――特別の「社会的」性格を宿したものとして、つまり何かの性格の「権現」として、人々の目には映ることになる。（Ⅰ）物神化された経済諸形象は、「価値」（商品世界で評価されるような）の体現者であり、（Ⅱ）組織諸形象は、「役割」（組織における）の体現者であり、（Ⅲ）文化諸形象は、「意味」の体現者である。

「Xへの疎外」

市民社会の個々のメンバーは、これら三種の「神」に拘束されているものとして、生きることになる。その結果、状況に対する主体的な自己適合として、彼らは、自分の存在位置に対応した社会的性格を発達させる。近代人の社会的性格は、結局、三つの様相をとる。

（Ⅰ）ホモ・エコノミクス――近代人の欲望は、最終的に、抽象化された富、つまり貨幣（交換価値）へと向けられる。まるで、貨幣（抽象化された価値）を得ることが人生の目的のように感じられる。このとき、欲求は〈価値への疎外〉を被っている。

（Ⅱ）「地位を求める人々《ステイタス・シーカーズ》」――近代人の典型的な欲求は、地位・役割の序列における上昇、つまり出世である。人々の尊敬される職業を得たい、できれば職位の階段のできるだけ上にまで行きたいという欲求は、個々の具体的な対人感覚とは無関係な望みであり、〈役割への疎外〉を被っている。

(Ⅲ)「合理主義的精神」――近代人は、生や自然の質的な具体性への感受性を退縮させ、合理化された観念の体系(たとえば科学)の方から天下ってくる「意味」へと関心を収斂させる。これは、〈(抽象的な)意味への疎外〉である。

このように、物象化のメカニズムが働く市民社会の中にある者は、すべて、物神化された媒介Xへと疎外されている(Xのところに、価値、役割、意味が入る)。この〈Xへの疎外〉は、市民社会の中での人生の目的を決めているという意味で、目的論的な疎外であり、また市民社会に生きる者の内的な本性のように感じられているという意味で、内的な疎外であり、さらに誰もが自分で進んで、自由にXを求めているという自己認識をもっているという意味で、「自由」としての疎外である、と言い換えることができる。

市民社会のすべてのメンバーは、Xへと疎外されている。しかし、その上で、実際に運よくXを得られる者とXを得られない者とが分化する。誰もが裕福になりたいのだが、実際に富に恵まれる者と富から見放された者とが出てくる。誰もが地位を求めるが、よい地位を得られない者がいる。誰もが名声を欲するが、そんなものが得られない人もいる。つまり、Xへと疎外されているだけではなく、Xからも疎外される者がいる。これが、階級の分化、支配階級／被支配階級の分化を説明する。

支配階級　「Xへの疎外」

被支配階級　「Xへの疎外」＋「Xからの疎外」

真木悠介は、次のように書いている。

支配階級の人生は、これらの疎外された価値（富）、疎外された役割（地位）、疎外された意味（名声）等に充たされてあることができる。彼らはこの疎外の中に安固と快適を、人生の幸福を見る。

被支配階級の人生は逆に、これらの疎外された欲求の、充足の現実的な条件からふたたび疎外されてある。したがって彼らの疎外は、同時にまた〈価値からの疎外〉、〈役割からの疎外〉、〈意味からの疎外〉として二重化される。

すなわち彼らの疎外はいわば、目的論的な疎外と情況論的な疎外、内的な疎外と外的な疎外、「自由」としての疎外と「必然」としての疎外とに二重化される。（七三―七四頁）

今日よく用いられる表現に依拠すれば、〈Xからの疎外〉を甘受せざるをえない境遇に置かれたものが、「負け組」とされている人たちである。〈Xからの疎外〉は、勝ち・負けはほんとうは情況から来る運に規定されているという意味で、情況論的な疎外であり、外的な条件によって「負け」とされてしまったという意味で、外的な疎外であり、そして、好きこのんで負けたわけではないのに、負けとしてのポジションを受け入れざるをえなくなってしまっているという意味で、「必然」としての疎外である。

このように、被支配階級は、Xから——富や役割や意味から——疎外されている。重要なことは、しかし、Xからの疎外が生ずるのは、支配階級も被支配階級もひとしくXへと疎外されているからだ、という点にある。「からの疎外」は、多くの論者が指摘し、批判してきた。しかし、その背景に「への疎外」があることを洞察した点に、『存立構造』の独創性がある。

支配階級は、疎外された状態を「幸福」として生きてしまうので、疎外の事実に概して無自覚になる。被支配階級は、疎外を「不幸」として生きるので、疎外を成り立たせる現実的な契機を、つまり価値の価値は何なのか、役割の役割はどこにあるのか、意味の意味は何かといったことを疑い、問い返す機会をもつだろう。

『現代社会の存立構造』の行為事実を読む

一　トートロジーという嫌疑

『現代社会の存立構造』（以下『存立構造』）の理論の可能性の中心、そのハイライトシーンは、どこにあったのか？　この本を正確に読み解いた者には、明らかであろう。それは、市民社会的な関係性（集合態）において、共同性を媒介する客体が、逆に主体化するという転倒の論理の解明にこそあった。第Ⅱ部の語法に従えば、それは、疎外の第二水準、〈疎外↕物神化（あるいは物象化）〉の論理に対応する。第Ⅰ部の用語では、それは、R↓S／Oという物象化の図式に対応する。これは、疎外論図式S↓Oに代えて提起されたものである。〈疎外↕物神化〉の論理、もしくはR↓S／Oの図式は、本書の全体において、その展開の最も重要な場面で、反復的に適用され、議論の骨格を形成している。

この論理をあらためて要約しておこう。市民社会においては、諸個人の主観は個別化されているため、直接的な共同性は成り立たない。言い換えれば、市民社会において、共同性は、必然的に、何らかの対象によって媒介されている（R：関係性）。その媒介は、すべての個人＝主体にとって、任意の他の個人と関係するための道具、とりわけ他者を収奪するための道具＝対象である。そのような媒介の代表は、もちろん、貨幣である。しかし、この媒介たる対象は、まさに媒介としての普遍性（すべての個人にとって、任意の他の個人との共同性を確認するのに必要だということ）のゆえに、逆に諸個人の活動を意味づける（大文字の）主体へと転化し、また諸個人がそれを欲望するような物神と化すことになる（O：対象の主体化＝物神化）。この対象の主体化は、逆に、本来の主体である個人の方から捉えるならば、自分自身を、普遍的媒介者を受動的に追い求め、また媒介者の原理に適応するだけの対象へと、あるいはせいぜい普遍的媒介者の支配を運命として自ら引き受けるだけの（小さな）主体へと転ずることを意味している（S：主体の対象化＝自己疎外）。

このように媒介された関係性、つまり関係の集列性を前提にすると、一方で、対象（媒介）の主体化＝物神化が、他方で、主体の対象化＝自己疎外が、同じ過程の二つの側面として分岐することになる。この論理は、現代社会のさまざまな水準、さまざまな領域で作用する基本的な原理であるとされている。まず、この論理は媒介が何であるかに関係なく通用する。媒介がモノであれば、これは貨幣の存立を説明する論理になるが、媒介がヒト（組織）であれば国家の存立が、媒介が観念であれば神の成立が、同じ論理によって説明されるだろう、と示唆されている。

あるいは、関係を形成するユニットは個人でなくてもよい。個人と個人の間だけではなく、共同体と共同体の間でも、それらの間に直接的な共感や同情にもとづく関係が成立しておらず、互いに敵対的・競合的であり、何らかの媒介によってしか連帯したり、協働したりできないときには、同じ論理が成り立つはずだ。実際、個人間の関係で考えるよりも、家族と家族の間の関係を起点にした方が、現代社会の実相に近いと言える。より重要なことは、この物象化の論理によって構成された集合態が他の集合態たちとの関係で、ふたたび、みたび……同じ論理に規定されるということである。かくして、資本（家）と資本（家）との間の関係、あるいは国家と国家の間の関係で、この論理が作用する。つまり、物象化の論理は、再帰的に水準を上げて繰り返し作用するのである。

この図式は、社会（科）学の方法論上の革新をも企図するものである。社会秩序を説明する学である社会学には、二つの方法論上の立場があって、両者が対立してきた。一方に、所与の社会的な拡がりにおいて拘束力を発揮する社会的事実を論理の起点として据える方法論的な集合主義がある（典型はデュルケーム、機能主義社会理論）。他方には、社会は、結局は、諸個人の行為の集積以外のなにものでもないとの認識から、個人の行為や属性を起点にして社会現象を説明する方法論的な個人主義がある（典型はヴェーバー、現象学など意味学派）。真木悠介の物象化論は、前者はOに、後者はSに注目するものであって、二つの方法論的な立場が対立して相容れないのは、結果的にすでに分岐している社会の二側面を原因（説明変数）として措定するためだと見なす。さらに、R——関係性の歴史的な特定様態——を原点に据えた論理を構築するならば、方法論上の対立を止揚することができる、との見通しが示される。

＊

だが、この真木悠介流の物象化論の構図には、一つの重大な疑問が提起されうる。この図式は、よく精査してみれば、トートロジーではないか、と。

なるほど確かに、普遍的媒介者——すなわち主体である諸個人を結合する一般的他者——が与えられれば、それは、諸主体の行為の意味を規定する大文字の主体へと転換し、逆に、諸主体はひとしく（大文字の主体にとっての）対象へと転ずるだろう。だが、問うべきことは、そもそも、いかにして普遍的媒介者が成立しえたのか、という点にあるのではないか。諸主体がひとしく妥当性を認める普遍的媒介者は、いかにして可能なのか。媒介の普遍（的妥当）性は、どのようなメカニズムによって、実現したのであろうか。

次のようにも言い換えることができる。そもそも、普遍的媒介者によって全体を統合された集列的関係Rを前提にするということは、その中に、最初から、ひそかに、S（集列的諸主体）とO（普遍的媒介者）を組み込んでいたことを意味する。そうであるとすれば、SとOへの分岐とは、Rの中に最初から隠しておいたものを、外へと取り出しただけではないか。すなわち、これは、トートロジー、もしくは循環論ではないか。

真木悠介が提起した物象化の論理に対しては、このような批判がありうる。だが、この批判は間違っている。この図式には、方法論的個人主義と方法論的集合主義とが対立していた理論地平に対する明確なブレークスルーが孕まれているのだ。この点を理解するためには、しかし、いくぶん繊細な読解が必要になる。さらに、真木の議論のコンテクストを補う必要もある。

二　行為事実的な媒介

『存立構造』は、物象化の論理において媒介が機能する様式を、繰り返し、「行為事実的」という形容詞によって特徴づけている。「行為事実的」は、ドイツ語のtatsächlichの逐語的な翻訳に基づく造語である。この単語は、普通は「現実の」等と訳されているが、もとを正せば、TatとSacheの合成であり、前者が「行為」（英語のdeed）を、後者が「事（物）」（英語ならばthingやobjectに近い語）を意味している。真木によれば、市民社会における媒介の様式は、行為事実的である。

典型的な箇所を、いくつか引用してみよう。

> 共同態の物神としての伝統的な諸物神〔たとえば霊的な樹木、トーテムのような動物、巫女など〕が、直接的な共同性としての主観の共同性の、対象に付与する「第二の物的性格」〔樹木や動物や人間の自然な性格に加えて、霊的な性格がその物自体に所属するもうひとつの物的性格と見なされているということ〕をその存立の機制としているのに対し、集合態の物神としての近代市民社会の諸物神〔貨幣、資本、国家、神など〕は、ぎゃくに主観の個別性を行為事実的（tatsächlich）に媒

介する媒介自体が、この媒介された共同性の固有の力能を、みずからの権能としてその身におびるメカニズムをその存立の機制としている。（四二頁、傍点引用者）

マルクスの価値形態論――とりわけその冒頭の「単純な価値形態」――とヘーゲルの「主と奴」の弁証法を意識して、物象化の論理を詳しく解説した部分では、次のようにこの形容詞が登場する。

彼ら〔上衣やリンネルといった商品所有者〕は相互に、自己を〈主〉《ヘル》となし他者を〈奴〉《クネヒト》となす意思として、すなわち自己の欲求を、他者の労働によって充足しようとする意思として対峙する〔互いに相手の労働の産物によって自己の欲求を充足しようとしており、その意味で、相手を自分の欲求のための道具としている、つまり自分の奴隷のように見ているということ〕。そしてこの対峙の中で、行為事実的に（tatsächlich）、相互に自己を〈奴〉《クネヒト》として規定する、すなわち他者の欲求に奉仕するような仕方で労働することを強いられているものとして、みずからを規定する。彼らは相互に収奪し、かつ疎外する。（一四七頁、傍点引用者）

次は、まさに普遍的媒介者が成立する場面の記述である。ここでは、「事実上」という語が用いられているが、対応しているドイツ語は同じtatsächlichである。

> このときリンネルは彼ら〔さまざまな商品所有者〕のあいだで、だれからも欲求されている共通の対象であり、彼ら相互の関係においてこのリンネルは、〈媒介する第三者〉として、事実上tatsächlich措定されている。
> （一五〇頁、傍点引用者）

このように、真木によれば、市民社会では、諸主体の個別性は、行為事実的に媒介され、また普遍的媒介者は、行為事実的に措定される。行為事実的とは、どういうことであろうか。あるいは、次のように問うとより鮮明になるだろう。行為事実的ではないとは、どういうことなのか。行為事実的という形容詞が使われているとき、その対語として念頭におかれているのは、どのような事態なのか。

この点を理解するためには、『資本論』の有名な件を活用するのがよい。マルクスは、商品（労働生産物）の交換に関して、次のように論じている。

> だから、人間が彼らの労働生産物を互いに価値として関係させるのは、これらの物が彼らにとっては一様な人間労働の単に物的な外皮として認められるからではない。逆である。彼ら

は、彼らの異種の諸生産物を互いに交換において価値として等置することによって、彼らのいろいろに違った労働を互いに人間労働として等置するのである。（『資本論』岡崎次郎訳、国民文庫、一九七二年、第一分冊、一三八頁。以下、『資本論』の引用は同文庫による。）

ここで、マルクスは凡庸な労働価値説を批判している。普通、労働価値説は、疎外論図式、つまりS→Oの図式に基づいている。商品の価値Oは、それを生産するために労働者Sが投下した労働の量（労働時間）によって決まる、と考えるからである。主体の労働力が外部に対象化されたものが商品だというわけである。

引用したこの部分で、マルクスは、この疎外論図式に基づく労働価値説を、R→S／Oという物象化論の論理に置き換えている。一方には、労働生産物を交換しようとする主体がいる（S）。他方で、労働生産物が一般的な価値（O）をもったものとして現れている。このような結果が出てくるのは、マルクスによれば、人々が、異種の生産物を等置し、交換するからだ（R）。つまり、異種の生産物を交換し合うという関係がまずあって、そこから、労働力の主体と生産物の価値という結果が出現する、というわけである。

しかし、これだけであれば、R→S／Oは、論点先取のトートロジーではないか、という先の嫌疑を免れることはできない。異種の生産物同士が交換されうるのは、どうしてなのか。なぜ、生産者たちはそれらを納得して交換し合うことができるのか。それら生産者Sたちの間に、あらかじめ、それら生産物を等価として評価できるような価値Oなるものの観念が共有されているからではないか。つまりS／Oの対照性は、R（交換）が成立するための前提ではないか。

だが、マルクスは、先の引用文のすぐ後に、次のような決定的な一言を付け加えている。


彼らはそれを知ってはいない〔意識はしない〕が、しかし、それを行なうのである。Sie wissen das nicht, aber sie tun es.（第一分冊、一三八頁）

もし生産者たちが価値の一般性についての何らかの意識をもっており、交換行為がなされているのであれば、先の批判はあたっている。しかし、そのような意識に媒介されることなく、交換行為がなされているのであれば、その批判はあたらない。「意識することなく行っている」ということ、これこそが、行為事実的ということの意味である。逆に言えば、行為事実性に対立しているのは、内面の「意識」である。このように考えると、S／Oの分岐に先立つ水準にRを措定することの理論上の意味が明確になる。

社会現象の謎の核心は、何を意識しているか、何を知っているかというところにあるわけではない。そうではなくて、何をしているかというレベルに、行為の水準にこそある。だが、こうした言明は、すぐさま、反問や批判を呼ぶことになるだろう。意識に先立つ行為の水準とは、いったい何を指しているのか。行為とは、主体が目的を設定し、自ら意味づけている行動、つまりは意識に統御されている行動のことであって、自覚的な意識から独立の行為など存在しないのではないか。もし行為をこのようなものとして捉えないのだとすれば、「人の意識の内容は、その人の現実の行動によって決まる」という――たとえば強制的にでも礼拝に参加させていれば信仰も生まれるという――かつての行動主義者の教えと同じものに帰着するのではないか。

むろん、そうではない。行為事実性が、つまり意識されざる行為という主題が、社会的な関係性Rのレベルに認められている理由は、ここにある。その理由を説明するためには、しかし、行為事実性の意味を、つまり行為事実性とはどのような現象を指すのか、もう少し解説しておく必要がある。

三　社会現象の転換ヒステリー

行為事実性は、任意の行為に見られる普遍的な性質である。だが、同時に、行為事実性の様態を基準にして、近代市民社会への移行のポイントを正確に特定することができる。ここまでの論述で示唆してきたように、行為事実性は、意識に対して論理的に先行している。行為事実性の意識に対する先行性、意識からの独立性が、論理的にだけではなく、経験的な現象のうちにトータルに開示されること、これが近代社会の特徴である。

物象化もしくは物神化と呼ばれる現象は、正確にこの点に関連づけて——つまり近代市民社会への移行の指標として——理解されるべきである。人間と人間との間の社会関係が、物と物との社会関係へと転換され、偽装されることで、人間にとって逃れがたい拘束力をもった客体として現れること、これが物象化ということであった。

次のような比喩が適当であろう。われわれは、精神的なトラブルが身体的な症状として現れることがあることを知っている。ごく単純なものとしては、仕事の上での悩みから胃腸の調子が悪くなるとか、極端な場合には、過去のトラウマ（心的外傷）が原因で摂食障害（拒食・過食）のような何らかの行動への抵抗が生ずるとか、といった現象である。こうした症状は、フロイトの時代には（転換）ヒステリーと呼ばれ、今日では心身症等々のさまざまな名前が与えられている。（転換）ヒステリーのようなことが、社会関係のレベルでも生ずる。これが物象化だと考えればよい。人間と人間との間の社会関係の問題なのだが、それは、物と物との間の関係という症状をもって現れる。

こういうとき、われわれは、医者と同じことを考えなくてはならない。第一に、真の原因（病因）は、物と物との関係（身体的な症状）にあるわけではないので、そこを「治療」の対象にしても、症状は消えない。第二に、しかし、同時に、症状は直接にではなく、転換されて現れるのはなぜなのか、つまり人間の間の社会関係（心のトラブル）が物の間の社会関係（身体や行動の障害）へと偽装されるのはどうしてなのかも合わせて考えなくてはならない。近代特有のこの物象化という現象を通じてこそ、行為事実性は、意識から独立して（経験的に）たち現れるのである。説明しよう。

＊

マルクスは、『資本論』の有名な脚註の中で、貨幣のあり方を王に喩えている。王—臣下の関係と、貨幣—商品の関係は類比的だ、と言うのだ。マルクスは、次のように論じている。「ある人間が王であるのは、他の人間が彼に対して臣下として相対するからなのに、彼らは、逆に、その特定の人物が王だからこそ自分たちは臣下なのだと思い込んでいる」と（第一分冊、一一一頁）。ヘーゲルが反省的規定と呼んだ関係表現の一例である。臣下の王に対する関係が、王自身の内に反射し、王に固有の属性のように現れているのである。ほんとうは、王には、何ら特別なところがあるわけではない。彼に神性やカリスマ性が宿っているわけではなく、彼も凡庸な人間のひとりである。しかし、臣下たちは、王の血や力に何か本来的に特別なものがあるからこそ、彼に従属するのだと思っている。しかし、事実は逆であって、彼らが従属するがゆえに、王は、神に近い特別なものとして現れるのだ。これがマルクスの言っていることである。

この王と臣下の関係においては、臣下たちがまさに臣下のように振る舞っているという行為と、臣下たちの王への尊敬という意識とが表裏一体になっている。つまり、行為事実性の水準を意識から分離することが難しく、どちらが先でどちらが後とも見定めがたい。そもそも両者を分けることの意義が理解しがたい。

だが、事態をよく見据えると、マルクスによる類比、つまり貨幣と王との類比は、ミスリーディングであることに気がつく。われわれは、紙片や金属片、ときにはただの数字として現れる貨幣が、その物象性そのものの内に価値を宿しているなどとは思っていないからである。つまり、われわれは、皆がそれを貨幣として扱う――人々が王に対して臣下として相対するのと同じように――からこそ、それが貨幣として機能する、ということをきちんと意識している。貨幣がわれわれの暗黙の約束の産物であり、特定の社会関係の表現であることを、社会科学者でなくても、現代の人々は皆意識している。ここで「特定の社会関係」とは、もちろん、ゲゼルシャフト的な関係――個人間の共同性が媒介を通じてのみ保証されているような関係――である。

それならば、マルクスの類比は間違っているのか。意識の水準で考えれば、マルクスの類比は当たらない。しかし、われわれがどのように意識していようとも、われわれの行為を見たらどうか。貨幣を用いて交換するわれわれの行為は、意識とは裏腹に、貨幣を商品たちの上に君臨する王のように扱っているではないか。人は、もちろん、貨幣は商品として市場に提示されている社会的産物の一定部分に対する請求権を表現した記号に過ぎない、その請求権の妥当性は人々の間の約定に基づいているだけだ、とわかっている。しかし、彼らの活動だけを見るならば、彼らはできるだけ貨幣を求め、また貨幣によって承認されるような――つまりよく売れるような――生産物を提供することに必死になっている。つまり、人はどう意識していようが、貨幣が商品世界の王であるかのように振る舞っているのだ。われわれは、貨幣をつまらぬ紙片と知りつつ、まるで、それ自体に価値があるかのように行動するのである。

われわれが何を知っているか（意識しているか）ではなく、われわれは何をしているのか？われわれの意識は何かではなく、われわれの行為事実性は何か？それは、人間（意識）と人間（意識）との間の社会関係ではなく、物（商品）と物（商品）との間の社会関係において直接表現される。われわれは貨幣を便利な道具に過ぎないと意識しているが、われわれの商品の方が貨幣を王のように崇拝しているのである。貨幣の物神化、商品の物象化とは、このような現象を指しているのだ。意識の水準では、われわれはいかなる神秘化や呪術化からも解放されているのに、神秘化や呪術化は、物と物との関係（に直接表現されているわれわれの行為事実性）の水準で回帰してくる。

決定的に重要なことは、意識よりも、行為事実性の方がより基礎的で、執拗だということである。社会現象を規定しているのは、意識ではなく、行為事実性の方である。行為事実としての貨幣の物神性が、意識の上でのその相対化よりも基底的だということは、危機的な状況、たとえば恐慌のような場面で露わになる。マルクスは貨幣恐慌について、次のように論じている。

貨幣は、突然、媒介なしに、計算貨幣というただ単に観念的な姿から堅い貨幣〔硬貨〕に一変する。それは、卑俗な商品では代わることができないものになる。商品の使用価値は無価値になり、商品の価値はそれ自身の価値形態の前に影を失う。たったいままで、ブルジョアは、繁栄に酔い開化を自負して、貨幣などは空虚な妄想だと断言していた。商品こそは貨幣だ、と。いまや世界市場には、ただ貨幣だけが商品だ！　という声が響きわたる。鹿が清水を求めて鳴くように、彼の魂は貨幣を、この唯一の富を求めて叫ぶ。（第一分冊、二四二頁）

近代化は、行為事実性の水準を、意識の水準から分離するように作用する。あるいは、次のように言い換えてもよいだろう。前近代社会においては、物神化は、人間と人間の間で生じていたのだ、と。近代化にともなって、物神化が生ずる部位が、人間同士の関係から物（商品）同士の関係へと移行するのだ、と。

だが、物神化・物象化とは、そもそも、人間の間の関係が物の間の関係へと転化することであったとすれば、こうした表現は——つまり前近代的な伝統社会では人間同士の間に物神化が生じているかのような表現は——不正確なものではないか、との疑問が生ずるだろう。あえてこのように表現したのは、物神化の原点は、人間と人間の間の関係にあったことを再確認するためである。人間同士の関係において現れる物神化は、普通は、別の名で呼ばれている。「支配—隷属関係」がそれである。伝統社会では、王、皇帝、領主あるいは首長などが、従属者たちに対して、神性やカリスマ性を帯びて現れる——つまり王等は神格化（物神化）されている。マルクスが先に紹介した脚註で記した「王と臣下」は、こうした関係である。『存立構造』では、同じ関係が、転回された共同体の〈疎外↕収奪〉の水準として説明されている。

近代社会では、たとえば労働者は、資本家や経営者に人間を超えた何かが、神性のごときものが宿っているから、彼らに従っているわけではない。具体的な人間関係の水準は、近代社会においては、脱物神化されている。一般には、これを「世俗化」と呼ぶ。しかし、それは、物神性を消滅させはしない。物神性が出現する場所が、別のところに――物同士の関係に――移動しただけである。移動した物神性は、意識から分離された行為事実性の姿を取る。マルクスがあの脚注で用いた類比、つまり王―臣下の関係と貨幣―商品の関係の間の類比は、こうした移動をしっかりと念頭においておけば、妥当する。

四　Rの謎とその発展

ここまで述べてきたように、Rが行為事実的な関係性であるとするならば、S／Oに論理的に先立つレベルにそれを想定することに意味がある。S→Oなる疎外論の構図が含意しているのは、主体の内面の事実が、つまり意識（S）が、対象（O）に投射されている、という主客の関係である。しかし、Rが行為事実的であるとすれば、「主体の内面的意識（S）と対象（O）」という対立に先立つ契機としてRを措定することができる。こうして、『存立構造』が提起している、物象化論の構図は循環論や論点先取を逃れることになる。この構図を、われわれとしては、どのように発展させればよいのだろうか。

R→S／Oの物象化論の図式において、言うまでもなく、謎の核心はRにある。Rは、近代社会にあっては「物と物との関係」として現れるが、その原点は人間と人間の間の社会関係である。Rは、いかにしてS／Oの分岐を生み出すのだろうか。R（関係性）の原初形態は、自己と他者との関係である。S／Oの対立とは、主体（自己）が対象化し、対象（媒介）が主体化する反転であった。個々の主体Sは、普遍的媒介者Oによって意味づけられる対象へと転ずる。Rからこのような S／Oの対立が生まれるとすれば、その都度の（自／他の間の）関係行為において、

〈私〉にとって、〈他者〉が（社会的に）普遍的な妥当性を帯びた判断をもたらすような超越性として現れていなくてはならない。

マルクスの場合、それを、価値形態論の冒頭で「単純な価値形態」として記述した。価値形態論は、『資本論』の第一巻に記された、貨幣の存立を説明する論理であり、それは四つの段階によって構成される。『存立構造』第Ⅱ部第三章で、真木悠介は、第Ⅰ部で提起したR→S／Oの展開に対応するメカニズムを、価値形態論をなぞるようにしてていねいに説明している。価値形態論の四つのステップの中の最初の段階が「単純な価値形態」である。すべての神秘は、この「単純な価値形態」の中に秘められていると言っても過言ではない。

単純な価値形態とは、二者の間の商品交換関係である。マルクスによれば、この関係には、最初から、非対称性が孕まれている。商品所有者（の一人）である〈私〉の観点からは、この関係は対等なものには見えていない。〈私〉＝相対的価値形態に対して、〈他者〉は等価形態として対峙するのだ。すなわち、〈他者〉は、〈私〉を相対的に価値あるものとして意味づける普遍的な規準としてたち現れる。マルクスは、単純な価値形態に関して、次のような比喩で語っている。

人間は鏡をもってこの世に生まれてくるのでもなければ、私は私である、というフィヒテ流の哲学者として生まれてくるのでもないから、人間は最初はまず他の人間のなかに自分を映してみるのである。人間ペテロは、彼と同等なものとしての人間パウロに関係することによって、はじめて人間としての自分自身に関係するのである〔自分自身の人間としてのアイデンティティを確立するのである〕。しかし、それとともに、またペテロにとっては、パウロの全体が、そのパウロ的な肉体のままで、人間という種属の現象形態として認められるのである。

（第一分冊、一〇二頁）

ここで、ペテロにとって、パウロは、パウロであって、パウロ以上である。パウロは、ペテロに対して、「人間」という類を代表する普遍的な超越性として現れている。ペテロは、パウロと関係し、パウロにその存在を承認されることで、「私は人間（の一員）である」というアイデンティティを得るのである。商品交換においても同様だ。相対的価値形態にあたるのがペテロ、等価形態にあたるのがパウロ。ペテロに対応する生産物は、パウロと交換される（パウロに買われる）ことで、まさに商品としての価値を認められるのである。

だが、このように、その都度の自／他の関係行為において〈他者〉が超越的なものとして現れる機制は、説明されなくてはならない。なぜ、生身のパウロは、パウロ以上のものとして現れ、ペテロを人間として承認する権限をもつのか。

私は、この点を、「身体の任意の志向作用（知覚・感覚をふくむあらゆる心の働き）にともなう求心化─遠心化作用を媒介とした、『第三者の審級』の先向的投射のメカニズム」によって説明してきた。「求心化─遠心化作用」「第三者の審級」「先向的投射」は、私の独自の用語である。これらについてここでは詳しくは説明しない。本論の趣旨──『存立構造』の読解──から逸脱してしまうからだ。ごく簡単に、マルクスの右記の引用に対応させて、イメージだけを与えておこう。

マルクスの比喩において、（類の代表としての）パウロはペテロにとって第三者の審級（超越的他者）である。「求心化─遠心化作用」は、「人間は最初はまず他の人間のなかに自分を映してみる」という件と関係している。この鏡映的な関係は、〈私〉が〈他者〉を見ること（求心化）が、同時に、〈他者〉の視点から〈私〉を見ること（遠心化）でもあるということを含意しているからだ。「先向的投射」とは、第三者の審級が、〈私〉の現在に対して、論理的な先行性《プライオリティ》をもったところに措定されること、つまり「常に─すでに」という様相をもって現れるように措定されることを意味している。

ともあれ、自己と他者との間の最もベーシックな関係Rの中に、超越的な他者（第三者の審級）を生み出すポテンシャルが孕まれている。超越的な他者は、大文字の主体と化し、〈私〉はそれによって意味づけられる対象となるだろう。

＊

もう一つの疑問は、次の点である。前章で、近代化とともに、物神化が生ずる部位が、人間と人間の間の関係から物と物の間の関係へと転換する、と述べた。あるいは——同じことだが——近代化にともなって、行為事実性が意識から分離すると述べた。近代市民社会の成立にともなう、このような転換はどうして生ずるのだろうか。この点についても、詳述すると、本稿の本来の課題、『存立構造』の読解という課題から逸脱してしまう。したがって、ごく簡単な示唆のみにとどめておこう。

ここでも、『資本論』の価値形態論への参照が役に立つ。価値形態論は、先に述べたように四つのステップよりなる。しかし、第三形態から第四形態への移行は、論理的なものではなく歴史的な過程なので、論理としては、以下の三段階が価値形態論の全体である。

単純な価値形態　→　拡大された価値形態　→　一般的等価形態

一般的等価形態とは貨幣のことである。単純な価値形態は、二者間の商品交換であった。リンネル生産者（相対的価値形態）は、上衣の生産者（等価形態）と出会い、互いの生産物を交換する。しかし、リンネルの生産者は、上衣だけを欲するわけではない。彼は、他のさまざまな商品、小麦やコーヒーや靴なども欲するだろう。つまり、リンネルは、上衣以外の他のさまざまな商品と交換される。これが拡大された価値形態である。この拡大された価値形態を別の視点から捉え直してみれば――相対的価値形態であったリンネルを等価形態の側に置き直してみれば――、リンネルが他の諸商品を媒介する一般的等価形態（貨幣）になっていることがわかる。これがマルクスの価値形態論の筋道である。

もう一度、マルクスが単純な価値形態を説明するのに用いた比喩、ペテロとパウロの比喩にたちもどってみよう。ペテロにとって、パウロは、肉身の具体的なパウロ以上のものであった。いわば、パウロには二重性がある。パウロは、類の代表として（も）たち現れているからである。

ここで、パウロが代表する「類」の社会的な範囲、普遍性の程度が拡大されたらどうなるかを考えてみよ。パウロにおいて代表される普遍性の範囲を、「単純な価値形態」から「拡大された価値形態」への移行に対応するようなかたちで拡大させてみるのだ。すると、具体的なパウロと、パウロによって代表されていた類的な他者との間の乖離が大きくなり、やがては、後者は前者と無関係なものとなるに違いない。もともと、パウロがペテロにとって特別な意味をもち、ペテロのアイデンティティを規定するような機能を担っていたのは、パウロが、この（具体的な）パウロではないこと、このパウロに尽きないことに基づいていたからである。今や、この具体的なパウロとは独立の、どのパウロたちとも無関係な、抽象的な類的他者が出現する。私の用語で翻訳すれば、それは、第三者の審級が十分に抽象化され、具体的な他者たち（の身体）から独立の水準として措定された状態である。

実際、われわれの貨幣のことを考えてみよ。なぜ、われわれは貨幣による支払いを受け入れるのか。どうして、われわれは貨幣を欲望するのか。貨幣の物質的な性質は、われわれが貨幣を求めることの原因ではない。貨幣には、支払い手段に用いられるということ以外にはいかなる使用価値もないのだから、〈私〉が貨幣を受け入れるのは、他者が――〈私〉の支払いの相手となる〈他者〉が――貨幣を受け取るということへの信頼にのみ基づいている。〈他者〉が〈私〉の支払いを受け入れることは、とりあえずは、貨幣の所有者としての〈私〉を、その〈他者〉が承認したことを含意している。だが、その他者が〈私〉が支払いのために提示した貨幣を受け入れたのはなぜかと言えば、〈他者の他者〉が貨幣を受け入れるからであろう。その〈他者の他者〉が貨幣を受け取り、貨幣を求める理由もまた、〈他者の他者の他者〉が貨幣を受け入れるからだ。以下、同じ論理が無限に繰り返される。

したがって、〈私〉が貨幣を所有すること、そして〈私〉の支払いが受け取られるということは、〈私〉が、無限の〈他者〉を包括する普遍的な「他者」によって承認を受けたことに等しい。その普遍的な「他者」は、〈私〉と直接に取り引きし合うどの特定の〈他者〉、どの特定の商品所有者からも区別されている。それは、まったく抽象的であり、そのことによって超越性を保持する第三者の審級である。

それゆえ、〈私〉が貨幣を交換に用いるとき、〈私〉は、〈他者の他者の他者の……〉といった無限の〈他者〉の系列を代表する、抽象的な「第三者の審級」の欲望に準拠してそれを行っている。〈私〉が貨幣を崇めているわけではない、貨幣を神格化しているのは、「他者」（第三者の審級）だ、というわけである。しかも、その「他者」は、〈私〉が取り引きしているどの具体的な〈他者〉でもないので、貨幣の物神化は、〈私〉の、いずれか特定の〈他者〉への敬意や帰依とはまったく関係がない。このとき、「〈私〉は、その意識内容とは無関係に、行為事実的に貨幣を物神化している」と見なしうる状態が完成するだろう。

五　三位一体論

物象化論の図式、すなわち「R→S／O」の図式は、伝統的な神学・哲学上のある難問を解くための鍵にもなりうる。この点を指摘しておこう。念頭におかれている難問とは、キリスト教神学の三位一体論である。三位一体とは、父なる神と子なるキリストと聖霊とが、三つにして同一であるとする説である。これは、キリスト教の正統教義の中核となる思想である。三位一体論を、物象化論の図式を用いて解釈できるとすれば、われわれは、キリスト教の合理的な核を、特定の信仰という枠から解放することが可能になる。

新約聖書には、神と神の子（イエス・キリスト）と聖霊が登場する。しかし、これら三つの間にどのような関係があるのか。新約聖書は、この点について積極的なことは何も語っていない。イエスも、またパウロも、三者の関係についていかなる定式も与えなかった。イエスは、自らを「神の子」であると名乗っているわけではないから当然だが、キリストの死後、贖罪の論理を整備したパウロも、三者の関係を明示的には理論化してはいない。

三つは、それぞれ固有の価値をもち、独立して機能している。しかし、三つを対等の超越的な実体と見なすことは、キリスト教には、絶対にできない。それでは、三個の神がいることになり、一神教の根本原則が破られてしまうからである。「父なる神／子なるキリスト／聖霊」の関係は、公会議の主要な主題であった。公会議とは、キリスト教の指導者たち（司教たち）のサミットのようなものである。

特に重要な争点は、神とキリストの関係である。明快な整合性を与えるためには、イエス・キリストはただの人間であるとすること——キリストの神性を否定することだ。実際、そのように主張するグループもいたが、しかし、そうすると、キリストは数ある預言者の一人だということになってしまい、キリスト教はユダヤ教の中に完全に回収されてしまう。キリストは完全な神性をもち、神自身と同一の実体であるとしないわけにはいかない。

三位一体の教義に反対する司教や神学者、哲学者も多かったし、この教義が正統と見なされるまでには、おそらく、生臭い政治的駆け引きもあっただろう。しかし、結局のところ、これは、キリスト教が自らの本性を裏切らないでいられる、唯一可能な教義だったと考えるほかない。

三位一体とは、あらためてていねいに言い換えれば、父（神）と子（キリスト）と聖霊が、同一の実体ousiaであり、かつ三つの異なる位格hypostasisであるとする説である。ousiaは、英語のessenceやsubstanceを意味するギリシア語である。またhypostasisは、ラテン語ではpersonaと訳され、この語の含みが今日の「人格person」という語にも引き継がれている。神は、実体《ウーシア》としては単一だが、位格《ヒュポスタシス》としては三つである。ということは、父と子と聖霊は、結局、同じなのか、異なるのか？　率直なところ、この説は何を言っているのか、さっぱりわからない。

三位一体論は難解である。内的に矛盾しているようにすら見える。だが、三位一体の教義に理解しがたい逆説が孕まれているとして、その逆説は、正確にどこにあるのか？　三つの位格の間の関係のどこに、困難な逆説があるのか？　一つの実体に対して、複数の位格があるということが、全般的に理解困難なわけではない。位格が、神と聖霊の二つだけであれば、謎はない。すなわち、神と聖霊の間の二位一体であったとすれば、理解することはそれほど困難ではなかっただろう。事態を複雑なものにしているもの、この図式に謎の深みを与えている契機は、子なるキリストである。子なるキリストが、神や精霊とどのように関係しているのか。子なるキリストさえなければ、解けない問題はどこにもないように思える。

まず、二位一体がいかなる意味で簡単に理解できるかを説明しよう。聖霊とは何か。「聖霊」「神の霊」の「霊」は、ヘブライ語では「ルーアッハ」、ギリシア語では「プネウマ」で、どちらも原義は、息吹、風、空気である。キリスト教では、それが神から人間に与えられていると理解されており、信者は、聖霊を通じて、神とのつながりや信者同士のつながりを実感する。してみれば、客観的な見地から捉えれば、聖霊は、信者たちの集まり、信者たちの共同態にほかならない。信者たちの共同性の表象、信者たちの共同性を単一の実体の上に投射したときに得られる観念が、（父なる）神であると考えたらどうであろうか。すると、聖霊と神とは表裏一体の関係にあると見なすことができる。同じ神への信仰を媒介にして、信者たちの共同性は維持されているのであり、これを言い換えれば、神こそは、その共同的なあり方の表現だからである。ただちに気づかれるように、聖霊と神との関係は、『経哲草稿』の疎外論図式に対応させることができる。信者たちの主体性であるところの聖霊（S）が、対象（O）として外化された姿が神である、と。

S（聖霊）→O（神）

ところで、物象化論の構図にあっては、SとOの二項対立のさらなる基礎にR（関係性の特定形態）を見るのであった。このRこそが、子なるキリストが介入する水準ではないだろうか。「子」とは、神が、一個の具体的な身体である人間として、われわれと対峙した、ということである。神（O）と聖霊（S）との間の二項対立に先立って、まずは、それぞれの個人と人間であるところのイエス・キリストとの間の関係Rがある。およそ二千年前にパレスチナを歩きまわっていたみすぼらしい男との関係Rにおいて、その男に神を見るという体験がまずあり、そこからの派生として、超越的な人格神Oと聖霊Sとが分節されてくるのだ。

R（子なるキリストとの関係）↘ O（神）
↙ S（聖霊）

このように考えれば、三位一体論から不合理な神秘は消え去る。つまり、物象化論の三項関係は、西洋の思想史の中での最大の難問である三位一体論を理解するための鍵を提供し、この神学的な構成の中から、宗教の束縛から解き放たれた合理的な形式を取り出すことを可能にするのである。

六　行為としての思考

真木悠介の『存立構造』のきわめて独創的な主張は、①価値と②役割と③意味の三者が、すなわち①事物関係における貨幣、②組織関係における国家、③記号関係における理念（神）が、すべて同じ機制に基づいて存立している、とする命題である。ここまでの論述を前提にしながら、この命題の意味を敷衍しておこう。

とりわけ興味深いのは、③、すなわち思考や理念にかかわる主題である。この主題に関して、R（行為事実的な関係性）の先行性ということが含意していることは何か。それは、思考や意識がある結論に到達する前に、現実の関係性の方がそれを準備しているということ、これであろう。言わば、思考よりも前にすでに、現実の関係性Rが無意識の内に考えており、結論に達しているのだ。

この点で参考になるのは、カントの認識論をマルクスの商品分析に接続したアルフレート・ゾーン＝レーテルの論である。彼は、こう言っている。

『資本論』とその商品分析の、はっきりと述べられてはいない主題は、実際には、そこで暴かれている現実的な抽象である。『資本論』の分析の守備範囲は、経済学をはるかに超えたところにまで及んでいる。いやそれどころか、『資本論』は、政治経済学に関わるよりももっと直接的に、哲学の遺産に関わっているのである。(Alfred Sohn-Rethel, *Intellectual and Manual Labor: A Critique of Epistemology*, tr. Martin Sohn-Rethel, The Macmillan Press, 1978, pp. 20-21)

ここでゾーン＝レーテルが使っている「現実的な抽象」という概念は、内面的な意識の領域で生じている抽象ではなく、外的な行為——商品交換という社会的行為——において進行している抽象を指している。具体的には、それは、たとえば次のようなことである。ゾーン＝レーテルが論じていることを、少しばかり手直ししながら説明しよう。

たとえば、ニュートン以降の近代自然科学は、「絶対空間／絶対時間」と呼ばれるような、幾何学的で抽象的な、そして均質的に無限に拡がる時空間を前提にしている。その内部で、物体は、質的な差異を還元され、純粋に量的な規定(質量や運動量など)のみを与えられる。客体における、このような抽象的な時間・空間に対応した、主体＝主観のあり方が、デカルトのコギトであり、カントの超越論的主観性であろう。コギトや超越論的主観は、思考内容の質的な差異を捨象した、純粋に抽象的な「思考」そのもののことである。

普通は、このような概念、つまり抽象的な幾何学的時空間、量的規定にまで還元された物体、内容をもたない思考一般としての主観などの概念は、内面的で意識的な観念の努力によって獲得された、と考えられている。だが、われわれは、さらに問いを進めなくてはならない。近代の初期において、科学者や哲学者がこうした概念に想到したのはどうしてなのか？　また、こうした概念が社会的に一般的な説得力をもったのはなぜなのか？

　意識がこうした概念に至りつく前に、市場における交換が、あらゆる事物、あらゆる生産物、あらゆる商品を、それらの使用価値としての具体性を捨象して、一律に、抽象的な価値として捉える態度を確立していたからではないか。商品は質的多様性を有するが、そうした多様性は、他のすべての商品の価値を単一の基準において評価する特権的な商品――つまり普遍的媒介としての貨幣――と関係づけられたときには無化され、抽象的で一元的な量に還元される。これは、近代の物理学が、物体を、質的差異をもたない量に還元しているのと類比的である。量に置き換えられた物体の抽象的な運動は、市場における交換が抽象的な所有権の移動であるのと類似している。商品が単一の量に還元される場である市場、すなわち単一の貨幣が通用する市場は、物理学における幾何学的な絶対空間・絶対時間に対比させることができるだろう。市場においては、質的に多様なさまざまな商品の所有者や生産者が、抽象的な価値の所有者に――つまり多様性を還元された所有者一般と等価な個人に――還元される。そのような意味での価値の所有者は、哲学におけるコギトや超越論的主観の、社会的対応物であろう。要するに、ニュートンやデカルトが概念を意識する前に、市場における現実的な関係行為が、同じ結論に事実上到達していたのである。

重要なことは、交換の抽象性とは、行為事実的なものであるということ、つまり意識の操作の産物ではないということである。ゾーン＝レーテルは、この点について次のように論じている。

交換の抽象性について語るとき、われわれは、この語を、交換する行為者の意識に適用しないように注意しなくてはならない。〔……〕交換の行為が、そしてその行為のみが抽象的なのである。人々の行為と意識は、交換において袂を分かち、異なる道を歩む。……交換行為の抽象性は、その行為が生起しているときに注目されることはない。というのも、行為者が自分の仕事に集中し、自分たちの用途に関連する事物の経験的外観に気を取られているときにこそ、行為は生起するからである。行為の抽象性は行為者による理解を超えていると言ってよいだろう。というのも、行為者の意識が介入すれば、抽象化はかえって阻害されるからである。もし抽象性が行為者たちの心を捕えることになれば、彼らの行為は交換ではなくなり、抽象化の作用も生ずることがないだろう。

(*Ibid.*, pp. 26–27)

意識的な抽象化と行為そのものにおける抽象化は、両立しない。意識的な抽象化がむしろ抑圧されている限りで――あるいは排除されている限りで――、行為としての抽象化は生ずるのだ。行為が帯びる抽象性は、第四章に述べたように、その行為のもつ社会性（関係性R）の産物である。この社会性を、交換当事者は意識することはない――つまり彼らは、自らの行為の社会性を見逃してしまう。その見逃された社会性＝抽象性は、フロイトがいう「抑圧されたものの回帰」の様式で、まずは、交換行為とは正反対の形式で、つまり自然を孤独に観察する普遍的な理性の中に現れる。ゾーン＝レーテルが言っていることを、このような構図にまとめることができるだろう。

真木悠介が次のように書くとき、実質的に、以上と同じことが述べられている。

資本制生産における、生産手段と労働組織の機械化・合理化は、このような集列性の原理の、直接的生産過程への貫徹であり具象化である。すなわち元来水平的な集列性の〈精神《ガイスト》〉としての、対象の抽象化的な合理化が、人間労働力そのものの商品化を挺子として、直接的生産過程自体の内部に、いわば縦深的に貫徹した形態である。（五八―五九頁）

ここで述べられている抽象化は、学問的な世界認識におけるそれではなく、生産過程における機械化・合理化、つまり経済現象の内部でのことである。重要なことは、その抽象化が、「集列性の〈精神〉」であるとされていることだ。集列性――その典型が市場における交換関係である――の領域で、まずは抽象化が生ずる。その原理が、後になって、別のところ――ここでは生産過程――に適用されることになるのだ。

七　剰余価値の問題

『存立構造』は、諸主体の間の水平的な関係から生ずる基礎的な物象化に関しては、マルクスの理論の解釈に依拠しつつも、マルクスとは異なる独自の論理を提供している。しかし、そこからの垂直的な転回——剰余価値の発生と資本物神の成立——に関しては、そのままマルクスの議論を継承し、独自の論理を用意してはいない。われわれとしては、剰余価値の発生に関連する、「転回されたゲゼルシャフト」に関しても、マルクスのオリジナルな議論に批判的な改訂を施し、その上で、『存立構造』の論理に立ち返ってみよう。

剰余価値とは何か？　剰余価値ｍは、次のように定義される。

剰余価値ｍ＝労働者が生産した生産物の価値ｐ－資本家が支払う労働力の価値ａ

しかし、ｐとａの間に差があると、アプリオリに仮定することができるだろうか。ｐは、生産物の形で外化された労働力の価値に相当する。それに対して、ａは、資本家が賃金として支払った労働力の価値であり、労働価値説に従えば、その大きさは、他の商品の場合と同じ原理に従って、労働力商品の再生産に必要な労働時間に規定されている（簡単に言えば、労働力商品としての労働者がまともに生活し、明日も労働できるだけの価値に相当するだけ、労働者は資本家によって支払われる）。この説に基づくと、労働者は、資本家によって支払われるよりも多くの価値を生産しうる労働力を内在させている、ということになる。しかし、これは、S（労働力）→O（商品）という形式の、典型的な疎外論図式に基づくアイデアである。

だが、物象化論では、労働力商品の価値もまた、他の商品との関係Rの中で決定されると考えなくてはならない。pは、労働者が生産した商品が、商品市場において、いくらで売られたかによって規定される。aは、労働市場で、労働者の労働力がどの程度に評価されたかで決定される。それぞれの市場は、大きな全体的な市場の一部であり、相互に依存関係にある。そうであるとすれば――詳述する余裕はないが――、pとaとの差異は、つまり剰余価値mはゼロへと漸近するほかない。だが、剰余価値が発生しなくては、資本は死滅するはずだ。剰余価値の生産が、いかにして可能になっているのか、があらためて問われなくてはならない。

＊

この謎を説明するための鍵は、実は、真木悠介の『存立構造』の中にすでにある。それは、「Aからの疎外」の前提としての「Aへの疎外」という現象、「価値への疎外」という現象である。

剰余価値mを定義する先の等式にあるpとaは、ともに労働力商品の価値を表現している。両者の間に差異があって、剰余価値が発生するとすれば、労働力商品が、異なる価値システム、異なる商品システムの中で評価されていると考えるほかない。異なる価値システムを活用した剰余価値の取得は、典型的には商人資本に見ることができる。簡単に言えば、ある地域で安く買ったものを、別の地域で高く売れば、剰余価値が得られる。この場合、価値システムが局地的であり、それぞれの地域の価値システムにおいて、同じ商品が異なる価値をもっている。柄谷行人がかねてから繰り返し説いてきたように、産業資本において剰余価値が発生する仕組みは、この商人資本のケースと原理的には変わらない（この論点については、柄谷行人の以下の著作を参照。『マルクスその可能性の中心』講談社、一九七八年。『トランスクリティーク——カントとマルクス』岩波現代文庫、二〇一〇年）。商人資本にあっては、価値システムの差異は、空間的な差異と対応している。価値システムの同じような差異が時間的に生産されれば、産業資本が成立する。

いかにして、価値システムの差異が時間的にもたらされるのだろうか。差異をもたらす原因こそ、『存立構造』において、「媒介の合理化」と呼ばれている活動である。それは、次のように記述されている。

階級支配の資本家的な形態を種差的に特徴づける、かの非人格的・物象的な性格はさらに、媒介そのものの合理化・機械化の貫徹によって完成され、資本物神そのものの物神性をさらに自乗化する。

すなわち資本家的協業、マニュファクチュア、機械制工場生産と、次第に展開する資本家的生産方式においては、社会的協働の力がたんに階級的に収奪されているばかりでなく、通時・共時的協働連関の媒介をなす生産手段と労働組織そのもののうちに合理化が貫徹することによって、それぞれが機械および工場としての圧倒的な物的定在性を獲得し、これらによる直接的な労働の支配という現象のうちに、階級関係の人格性は完全に抽象され、即物化される。（五六―五七頁）

ここには、生産過程が機械化・合理化されて、労働者が機械に支配されているような状態、断片化された協業の中で労働疎外が生じている状態が記述されている。目下の論脈において重要なことは、こうした機械化や合理化がもたらす次のような結果である。たとえば、ある企業、ある資本家が、他の企業や資本家に先駆けて、新しい機械を導入したり、ユニークな協業形態の開発に成功したとする。要するに、特定の企業が、さまざまな意味での技術革新《イノヴェーション》に成功したとする。このとき、この企業の労働の生産性が上がる。つまり、同じ量の労働力が、従来の生産手段に基づく他の企業よりも多くの生産物をもたらすことになる。労働生産性の上昇は、労働力の価値を相対的に低下させたことを意味する。

技術革新に基づく労働生産性の向上は、商品の価値を規定するシステムを二重化する。一方のシステムは顕在的だが、他方のシステムは潜在的である。この二つのシステムの差異を活用することで、剰余価値は生み出されるのだ。どういうことなのか、解説しよう。何らかの技術革新で労働の生産性の上昇に成功した企業にとっては、生産物の価値は、ほんとうはすでに下がっている。しかし、他の企業が低い労働生産性しかもたない間は、この企業も従来通りの高い価値で、生産物を市場で売ることができる。実際に生産物が市場で売られるときに規準になっているのが、顕在的な価値システムである。しかし、技術革新に成功した企業は、実は、生産物の価値が低下している別の価値システム、潜在的な価値システムの中で、生産物や労働力の価値を評価している。潜在的な価値システムに基づいて生産されている商品を、顕在的な価値システムが支配している市場で売るがために、剰余価値が発生するのだ。無論、やがて他の企業もまた技術革新に成功し、同じ程度の労働の生産性を実現するはずなので、潜在的な価値システムは、来たるべき価値システム、未来の価値システムの先取りであったと解釈することができる。

マルクスは、このような方法を、つまり分業や協業などの手段の開発によって労働の生産性を（他の資本家や企業に対して）相対的に上昇させて剰余価値を獲得する方法を「相対的剰余価値の生産」と呼んだ。相対的剰余価値の生産は、剰余価値生産の一つの方法ではなく、そのすべてである。

(念のために、マルクス経済学について、教科書的なことを確認しておこう。労働時間は、必要労働時間と剰余労働時間からなる。前者が生み出しているのが、右にaと表記した価値であり、剰余労働時間に対応しているのが、もちろん剰余価値mである。単純に考えれば、剰余価値を増やす方法は二つある。第一に、労働者の剰余労働時間を——したがって労働時間の全体を——増やすことである。こうして資本家が得る剰余価値を「絶対的剰余価値」と呼ぶ。第二に、必要労働時間を減らすことによっても、剰余価値が増える。必要労働時間を減らすということは、労働力の価値を低下させるということだ。右に書いたように、技術革新等によって労働の生産性が上がれば、労働力の価値は低下する。このようにして、資本が得る剰余価値のことを「相対的剰余価値」と呼ぶ。また、一社だけが、他の企業に先駆けて技術革新を実現したことによって得られる利益のことを、「特別剰余価値」と呼ぶ。本文で述べていることは、一見、剰余価値には、相対的/絶対的剰余価値の二種類がありうるように思えるが、よく考えてみると、剰余価値は、本来的に、相対的剰余価値でしかありえない、ということである。)

＊

剰余価値が生産されるメカニズムを簡単に要約してきた。ここでさらに重要なことは、こうしたメカニズムを、『存立構造』に倣って、価値（商品）だけではなく、組織形態や意識形態にも貫通する一般的なダイナミズムであると考えたとき、どのようなことを引き出すことができるか、である。

今、われわれは、資本は、一般に、労働力の価値を潜在的に低下させるような、新しい価値システムを先取りしようとして、互いに競争している、と述べたことになる。ここで、ある基準的な要素aに目を付けて、その価値が、ある価値システムVから別の価値システムWへの移行を通じて、低下しているということはどういうことなのかを考えてみよう。経済システムの剰余価値を計算するときには、この基準的な要素は、労働力商品であった。

aの価値が低下しているということは、その対象aに対する主体の欲望や愛着の程度が小さくなったことを意味している。（主体の観点から捉えたとき）価値システムVにおけるaよりも、価値システムWにおけるaの方が、その相対的な地位を低下させているのだ。こうした低下が生ずる、最もシンプルなケースは、価値システムVの中で有意味なものと見なされている要素の範囲（外延）よりも、Wの中で有意味とされている要素の範囲の方が大きくなっている場合である。たとえば、労働集約型の産業においては、生産過程で投入されている要素の中心は労働力であり、他の要素は少ない（Vに対応）。技術革新によって、生産過程が資本集約型のものへと移行したときには（マルクス経済学の術語を使えば、「資本の有機的構成が高度化したとき」と言い換えることができる。本書「解題」二六九頁を参照)、どうなるだろうか。このときでも、労働力が不要になるわけではないが、その相対的な重要度は、機械や設備といった他の要素との対比で低下している(Wに対応)。こうした状況を一般化して捉えるならば、次のように言ってよいのではないか。すなわち、価値システムVから価値システムWへの移行は、システムの中に包摂されている要素の拡張であり、システムの普遍化である、と。

近代資本制社会においては、価値に関してであれ、役割に関してであれ、あるいは理念に関してであれ、それらを関与的《レリヴァント》なものとして含むシステムを、より普遍的なものへと変移させていこうとするダイナミックな競争が生じていると、解釈することができるのではないか。この競争は、価値に関しては、剰余価値の獲得を目指す競争というかたちをとる。

役割については、それはどのような様態で現れるのか。役割とは、社会的に承認された個人のアイデンティティである。普遍化をめぐる競争は、役割に関しては、より柔軟なアイデンティティを、多様な者でもありうるようなアイデンティティを獲得しようとする競争として現出する。この競争が目指している虚焦点は、何者でもありうるがゆえに何者でもないような、抽象的な個体があるだろう。

理念や意味についてはどうであろうか。競争は、認知に関連する領域と規範に関連する領域で異なる様態をとる。すなわち、それは、第一に、より包括的で普遍的な説明力をもった認知システム（真理のシステム）を目指す競争として現れ、第二に、より包括的な行為や経験を（正負の裁可の対象として）承認しうる規範システム（正義のシステム）を目指す競争として現れる。

だが、近代社会において、どうして人は、普遍性をめざす競争へと駆り立てられているのか。その動因を、『存立構造』は「Aへの疎外」と呼んだのである。価値へと、役割へと、あるいは意味へと人々が疎外されているということは、自らが準拠する価値の、自らが引き受ける役割の、あるいは自らがコミットする意味の妥当性の範囲を包括化し、普遍化しようとする競争から人々が降りることができない状態を指している。

八　「Aからの疎外」から「Aへの疎外」へ、そしてもう一つの疎外

それならば、「Aへの疎外」は、なぜ生ずるのか？　この疎外を支えている機制は何か？　Aが、今、（社会的に）一般的な欲望の対象となっているとする。Aに、そのような魅力を付与する原因は何なのか？　実は、これらの問いは、第四章で指摘した謎の再提起である。本論で、この問題を解明し尽くすことはできない。だが、「疎外」という主題に関連する論点だけは、駆け足で提示しておこう。

普通は、疎外とは、何ものかからの疎外であると考えられている。しかし、「解題」でも述べたように、真木悠介の『存立構造』の独創性は、「Aからの疎外」に先立って「Aへの疎外」があることを看破した点にある。人が、Aからの疎外に、すなわちAを剝奪されていることに苦痛や不幸を覚えるのは、その前に、彼がAへと疎外されているから、Aが彼にとって欲望の至高の対象となっているからである。もし彼がAに執着していなければ、その剝奪は、彼にとって何らの不幸でもなく、それを疎外と見なすこともできない。「Aへの疎外」は「Aからの疎外」よりも基礎的である。

ここで、第四章で紹介した概念、私自身がかねてから用いてきた概念を、もう一度、呼び出そ

う。Aが人々の欲望の一般的な対象として現れるのは、そのAが第三者の審級の肯定的な承認を受けた対象となっている──と人々が想定している──からである。第三者の審級の視点からはAがよきものとして見えているはずだ、と人が想定しているとき、Aはその人の欲望の対象となる。このとき、人は、Aを所有することを媒介にして、第三者の審級からの承認を、つまり第三者の審級の愛を受けることができるはずだ。それゆえ、「Aへの疎外」が一般的に成立しているということは、人々がみな、同じ第三者の審級に魅惑されている状態であると見なすことができる。

したがって、「Aへの疎外」がどうして生ずるのかという問いは、人々がどうして特定の第三者の審級に魅惑されているのか、という疑問に置き換えることができる。いささか逆説的に聞こえるかもしれないが、人がある第三者の審級の意志や欲望に捕えられるのは、その第三者の審級が──人々にとって──謎だからである。第三者の審級が、何を欲しているのか、何を意図しているのか、何を知っているのか、こうしたことが、人々にとって解消しがたい謎として現れているとき、その第三者の審級は人々を魅了することになる。誰かを愛したとき、誰かに恋したときのことを想い起こしてみればよい。その他者のことを、われわれはいくら知っても、その他者は、なお汲み尽くせない謎を残している。そのような謎が残る限りで、われわれは、その他者を愛するのではないか。透明にすべてをわかってしまうような他者を、われわれは、愛することができない。同様に、第三者の審級に人々が魅了されるのは、その第三者の審級に謎があるからである。

このような不可解な第三者の審級の至高の実例は、ユダヤ教の神ヤハウェであろう。ヤハウェはユダヤ人を選んだ。しかし、なぜユダヤ人は選ばれたのか？　ユダヤ人に取りたてて優れた性質があったわけではない。神がユダヤ人を選んだ理由は、純粋に謎である。ユダヤ人の歴史は、不幸に不幸を重ねる歴史であり、ヤハウェは、結局、彼らを救済することはなく、ときに異邦人を活用してユダヤ人を奴隷状態に陥れたことさえあった。それでもなお、ユダヤ人はヤハウェに失望することなく、ヤハウェを信じ、尊敬し続けたのだ。ユダヤ人の信仰のこのような驚異的な強靭さは、ヤハウェの意志に、解消されない謎があったからではないか。たとえば、民族宗教の神であるならば、その民族をエコひいきするのは当たり前である。天皇の幻想的な始祖とされている天照大神が、日本人や天皇を優遇するのは当然である。しかし、ヤハウェは、ユダヤ人の祖先ではなく、人類や宇宙の一般の創造者である。その普遍的であるべき神が、わざわざユダヤ人だけを選んだとすれば、それは、とてつもない謎というほかない。

それゆえ、人が、第三者の審級からの承認を得ようとして、対象Aを追求するときには、実は逆説がある。第三者の審級がほんとうは何を欲しているのか、何を意志しているのかは謎であり、決定不能である。つまり、第三者の審級がAをよしとしているのか、それはほんとうにはわからないのだ。むしろ、厳密には、第三者の審級が欲しているものは、不可解な対象Xであると言わなくてはならない。したがって、Aは、厳密に言えば、このXの不安な代理物でしかない。人がAへと疎外されているとき、いくらAを蓄積しても、あるいはいかにAに接近してもなお充足感が得られないのは、いやそれどころか、Aを所有すればするほど、Aへと接近すればするほどAへの渇望がかえって大きくなってしまうのは、AがXの代理物に過ぎないからであろう。人は、AがXではないことを、無意識のうちに直観しているのである。したがって、いくらAが与えられても、そのAは「それ（X）ではない！」として繰り返し拒否され、さらなるAが求められるのだ。ここに出現する不充足性の逆説、つまり増えれば増えるほど満足が遠のくという逆説こそが、剰余価値への欲望を支える心理的な機制である。

*

さらに問おう。第三者の審級の謎が、第三者の審級の不可解さが解消されないのはどうしてなのだろうか、と。謎が、不可解さが、原理的に解消できないのは、それが第三者の審級自身にとっても謎であり、理解できていないからではないだろうか。ヘーゲルの有名な箴言に、「エジプト人の秘密はエジプト人自身にとっても秘密である」という命題がある。人はまず、エジプト人には不可解な秘密がある、と思う。その秘密を何とかエジプト人に告白させようとするが、やがて、エジプト人自身にとってもそれは謎であることがわかる。ある人が何を意図しているのか、不可解だと感じても、もしその人自身が自らの意図を鮮明に把握しているならば、やがて、他人にとっても、その人の不可解さは小さくなっていくだろう。その人が内的に把握していることを、われわれ自身が類推すればよいからだ。しかし、他者自身にとっても、自身の意図や欲望が謎であって、それが何であるかを確定できなかったとしたらどうであろうか。謎や不可解さは永遠に消えることはないだろう。

（われわれにとっての）他者の謎が、他者自身にとっての謎でもある、という謎の重層化の究極の実例は、イエス・キリストである。イエス・キリストは十字架にかけられて死んでしまった。このとき、われわれは重い謎に直面する。神は何を考えているのだろうか？　神の意図は何だったのか？　神はどのような意図で、イエス・キリストに、あのような惨めな死の運命を与えたのか？　まったく不可解だ。しかし、当然のことながら、全知全能の神は、その意図、自分自身の意図はわかっているはずだ（と、最初、われわれは思う）。

しかし、よく見れば、十字架の上で死んでいるあの男こそ、神その人ではないか。考えてみれば、十字架の上で死んだのが、一般の人間であれば、われわれは、これをよくある不幸の一つとしか思わなかっただろう。この出来事が深い謎になり、神の意図を問わずにはすまされないのは、十字架にかけられたのが神だったからである。ならば、十字架上のあの男は、自分がどうしてこんなひどいやり方で殺されなくてはならないのか、神がどうしてこのような運命を定めたのか、よくわかっているのだろうか？　そんなはずはない！

もしイエス・キリストが、どうして自分がこれほど悲惨で理不尽な死を迎えなくてはならないのか、神がどのような意図をもっていたのかわかっていたならば、あまつさえ、その三日後には復活できることがわかっていたとしたならば、キリストの磔刑からすべての衝撃力が失われる。彼は既定のシナリオに従って、とりあえずしばしの間、死んでみただけだ、ということになってしまうからだ。したがって、イエス・キリスト（神）自身にとっても、キリストの磔刑死は謎でなくてはならない。彼もまた、このような仕方で死ななくてはならない必然性を理解できていないはずだ。つまり、神の謎は、神自身にとっての謎でもあったのだ。

さて、以上をまとめると、われわれは、ここに実に奇妙な論理の連なりを見ることになる。「Aからの疎外」の論理的な前提は、「Aへの疎外」であった。「Aへの疎外」とは、われわれの内的な欲望が、第三者の審級という他者の欲望に規定されていることを意味している。われわれは、第三者の審級の欲望へと疎外されているのだ。どうして、人は、第三者の審級に魅了されるのか？　その究極の原因は、今述べたように、第三者の審級の欲望や意図が、第三者の審級自身にとっても謎であり、自分自身では把握できない他者性を、つまり不可解で疎遠な対象性をもっているという事実にある。とするならば、第三者の審級自身が、自らの内奥の欲望や意図から疎外されている、ということになるのではあるまいか。第三者の審級にとって、最も内的なものこそが疎遠な他者性である。つまりは、第三者の審級は、自分自身から疎外されているのである。一般に言われている疎外である「Aからの疎外」の前提として、「Aへの疎外」があった。この「Aへの疎外」の原因、その基底に、もう一つの「……からの疎外」があったのだ。それは、自己の自己からの疎外、第三者の審級の自分自身からの疎外である。

〔Aからの疎外　←　Aへの疎外〕←第三者の審級の自分自身からの疎外

結　「それ」を直視できるときは……

われわれは、真木悠介の『存立構造』を症候的に読解してきた。読解における最も重要な着眼点は、次のことにある。すなわち、社会現象を成り立たせている究極の要因は、個人の内面の意識にではなく、身体と身体の間の関係を形成している行為事実性にあるということ、これだ。

ところで、行為事実性という概念は、ここに示してきた読解の方法を規定するために、使用することもできる。症候的に読解するということは、『存立構造』というテクストが、行為事実的に何を書いていることになるのか、を解明することである、と。著者の意識的な統御を超えて、客観的に見て、このテクストに何が書かれているのか。そのことをわれわれは探究してきたのだ。『存立構造』は、近代社会（市民社会）を構成している、三つの媒介（モノ、ヒト、コトバ）のそれぞれに対応している三つのシステムのいずれにおいても、同じ形式の二重の疎外（〈疎外↕物神化〉のメカニズム）が見出される、と結論している。二重の疎外とは、「Aからの疎外」と「Aへの疎外」である。二つの疎外のうち、より基礎的なのは、後者である。「A」の位置に入るのは、第三者の審級が「価値あり」として承認している対象だ。

われわれは、『存立構造』を読み抜くことによって、この二重の疎外の基底に、テクストには明示されてはいない、もう一つの疎外を見出した。それこそ、第三者の審級の自己疎外である。第三者の審級の自己疎外に規定されて、「Aへの疎外」が生み出されるのである。もう少し慎重に言い換えれば、「Aへの疎外」は、第三者の審級の自己疎外に対抗し、それを隠蔽する手段として、構成される。第三者の審級の自己疎外とは、第三者の審級が何を承認しているのか、何を求めているのか、そのことが、当の第三者の審級自身にとっても不可解だ、という意味であった。その謎が開く空白を、「A」という回答によって埋めると、「Aへの疎外」が生まれる。人は、Aを欲望することにおいて、「第三者の審級が求めていたのはAだったのだ」という回答を見出して（見出したつもりになって）、安心するのである。

『存立構造』の含意を一般化すれば、資本（あるいは剰余価値）という現象もまた、「Aへの疎外」に起因している。われわれは、資本主義（としての近代社会）の本質的な条件は、無限の資本蓄積にあることを知っている。ポイントは、「無限の」という部分にある。資本主義の内にある者は、資本蓄積を、つまり剰余価値の追求を、どこか適当なところで止めることができない。この無限への衝動は、どこから来るのか。ここでの読解＝考察は、次のことを示している。その衝動の原泉にまで遡ってみるならば、第三者の審級の自己疎外を見出すことになる、と。してみれば、無限の資本蓄積は、必死の逃走、第三者の審級の自己疎外からの逃走、第三者の審級のただ中に穿たれている謎の深淵からの命懸けの逃走だということになるだろう。この逃走を、人類は、いつの日にか終えることができるのか。「そこ」から逃れようとしてきた、その深淵を、人類が直視できる日が来るのだろうか。

あとがき

真木悠介の『現代社会の存立構造』は、『資本論』の創造的な読解としての側面をもっている。そこで、結びとして、一九七七年に『存立構造』が出版されて以降、『資本論』の解釈という点で、どのような展開があったかをごく簡単にふりかえり、『存立構造』との関係を論じておきたい。

『存立構造』とほぼ同じ頃、柄谷行人の『マルクスその可能性の中心』（一九七八年）が出た。この著作から『トランスクリティーク』（二〇〇一年）に至る柄谷行人の論は、日本の読書界におけるマルクス読解、『資本論』理解を牽引した。『存立構造』と『マルクスその可能性の中心』は、互いに影響関係をもたずまったく独立に書かれたものである。しかし、両者には、共通点がある。『資本論』の中心を、価値形態論にあると見て、そこから、それぞれの独自の思考を紡ぎ出している点である。一つの着想が、どのようにその後の創造的な思考を触発するのか。『存立構造』と、柄谷行人のマルクス論とは、興味深い比較の対象となるだろう。

マルクスに源流をもつ社会理論の一九七〇年以降の展開として、最も大きな成果は、イマニュエル・ウォーラーステインたちによって構築されつつある世界システム論であろう。ウォーラーステインによる『近代世界システム』第一巻が出版されたのは、一九七四年だが、世界システム論の構想の全体像が見えてきたのは、第二巻（一九八〇年）が出た後、つまり一九八〇年代以降である。直感的に言えば、世界システム論は、マルクスの階級の理論を、国民国家をその一部に組み込む世界的分業のシステムに応用したものである。資本主義的な世界システム（世界＝経済）には、中核国／半周辺国／周辺国という垂直的な分業が生まれる。これが、近代世界システムにおける階級分化にあたる。世界システム論は、マルクスの理論の精緻化よりも、世界システムのダイナミズムを説明することに、つまり歴史の説明にむしろ関心を向けている。『存立構造』のような原理論と、世界システム論のような歴史の理論との間には、相補い合う関係がある。

冷戦の実質的な終結の後に、世界的に最も広く読まれたマルクス主義系の著作は、まちがいなく、マイケル・ハートとアントニオ・ネグリの『〈帝国〉』（二〇〇〇年）であろう。『〈帝国〉』のテーゼを一言で要約すれば、「（国民国家と結びついた）帝国主義から〈帝国〉へ」ということになる。〈帝国〉とは、国民国家以降の実質的な主権のあり方、言い換えれば、グローバルな経済的・文化的な交流を調節する政治的主体である。国民国家が近代に結びついているとすれば、〈帝国〉はポスト近代に対応している。『〈帝国〉』は、ポスト近代の状況に対応した、マルクス理論のヴァージョンアップである。だが、今日、われわれは、ポスト近代は、近代とは異なる歴史的な段階ではなく、近代そのものの内在的な転回の結果である、という見解に同意しつつある。それゆえ、『〈帝国〉』のようなポスト近代に照準した理論を構築するためにも、『資本論』のような、あるいは『存立構造』のような、近代の骨格を説明する理論の必要度は高まっている。

『資本論』の読解に密着した、精緻な社会理論としては、モイシェ・ポストンの『時間・労働・支配』（一九九三年）がまことに瞠目すべき体系を提起している。ポストンは、この著作で、マルクスが『資本論』等で提起した「抽象的人間労働」という概念を原点におき、ここから近代社会のあらゆる側面を首尾一貫して説明するという、驚異的な力業を披露している。この本は、『存立構造』と対比して読むのに実にふさわしい。『存立構造』は、『資本論』の中で、「価値形態」を最も重視した。抽象的人間労働と価値形態との間には、どのような関係があるのか。興味深い学問的主題である。

ついでに述べておけば、ポストンの論を、ごく最近のトマ・ピケティの『21世紀の資本論』(二〇一三年)と対決させてみるのも興味深い。ピケティの著作は「資本論」とタイトルに付してはいるが、使われているのは、マルクスの理論というより、新古典派経済学のそれである。しかし、ピケティが『資本論』の問題意識を継承していることは確かである。どちらも、本来は等価交換しか許されていない資本主義的な経済の中で不平等(格差)が生ずるのはどうしてなのか、を説明しようとしているからである。ピケティが理論的にも実証的にも成り立つとして提起している中心的なテーゼは、資本収益率(投下した資本がどれだけ利益をあげて還流してくるかを示す値)が経済成長率よりも大きいときには、不平等が拡大する、という命題である。実際、——特に経済成長率が低いときには——資本収益率が経済成長率を上回っているという事実が確認できる、とピケティは述べる。

この不平等を是正するには、ピケティによれば、グローバルな規模の再分配しかない。ピケティとポストンを対決させるべきは、まさにこの論点においてである。ピケティは、社会改革の中心的な舞台は、分配局面にあると見ている。それに対して、ポストンの主張は、資本主義の問題は分配ではなく、労働の性格にこそある、という点にある。両者は、異なる理論的な枠組みの中で考えているが、主張を相互の枠組みの中に翻訳しながら、その妥当性を検証してみるとよい。

さて、『存立構造』の後に、あるいは『存立構造』と併せて読むべき、最も重要な著作は、熊野純彦の『マルクス 資本論の思考』（二〇一三年）であろう。『存立構造』における『資本論』読解にとって最も重要な理論的原泉（の一つ）は、廣松渉の物象化論である。その廣松の学統を継ぐ熊野が、先行の学問的業績のほとんどすべてを視野に入れて『資本論』を徹底して読み解いたのが、『資本論の思考』である。熊野は、マルクスの経済学批判は、結局、宗教批判であった、という結論へと至る。言い換えれば、資本主義は一種の宗教である。『資本論』の内に含意されている近代社会の理論は、経済の理論であることを超えて、政治や意識の理論でもあったとする『存立構造』の中心的なテーゼに連なる理解である。

『存立構造』の後に出てきた、マルクスや『資本論』に関連した研究は、ほかにもいくらでもある。いずれにせよ、次のことが確実である。それら多くの研究が出てきてもなお、『存立構造』を読む価値は、いささかも減じていないということ。むしろ、それら後続の著作の中で読まれることで、ますますその価値を高めているということ。

＊

『現代社会の存立構造』は、私が大学に入学する前の月に出版された。見田宗介先生は、（真木悠介の筆名で）この本と、もう一つの著書『気流の鳴る音』を、ほぼ同時に出された。この二冊は、私が大学に入って最初に読んだ書物である。これらの書物を読んだときの感動、視界が一挙に明るくなり、対象の輪郭が明確に浮かびあがってきたときに感じる驚きは、忘れられない。その歓びを現在の、そして未来の読者に伝えるために、私は、この本を復刻したいと思い、先生の承諾をいただいた。

復刻のために、全面的に協力してくださったのは、朝日出版社の赤井茂樹さんである。ほぼ同じ時期に同じキャンパスで学生生活を送った赤井さんも、私と同じ感動を経験していたからである。私の願望をかなえてくださった赤井さんにお礼申しあげたい。

二〇一四年六月

大澤真幸

著者紹介

真木悠介（まき・ゆうすけ）

見田宗介《むねすけ》。1937年東京都生まれ。東京大学名誉教授。現代社会論、比較社会学専攻。著書に、見田宗介名で『現代社会の理論 ── 情報化・消費化社会の現在と未来』（1996年）『社会学入門 ── 人間と社会の未来』（2006年）『宮沢賢治 ── 存在の祭りの中へ』（いずれも岩波書店、1986年）などがあり、真木悠介名で『気流の鳴る音 ── 交響するコミューン』（筑摩書房、1977年）『時間の比較社会学』（1981年）『自我の起原 ── 愛とエゴイズムの動物社会学』（ともに岩波書店、1993年）及び本書『現代社会の存立構造』（初版、筑摩書房、1977年）などがある。『定本 見田宗介著作集』（全10巻、2011–12年、毎日出版文化賞）『定本 真木悠介著作集』（全4巻、2012–13年、ともに岩波書店）には、半世紀に及ぶ業績が、著者自身による新編集を経て体系的に示されている。本書『現代社会の存立構造』は上記著作集に含まれない。

大澤真幸（おおさわ・まさち）

1958年長野県生まれ。東京大学大学院社会学研究科博士課程単位取得満期退学。社会学博士。千葉大学文学部助教授、京都大学大学院人間・環境学研究科教授を歴任。著書に、『行為の代数学』（青土社、1988年）『虚構の時代の果て』（筑摩書房、1996年、増補版2009年）『ナショナリズムの由来』（講談社、2007年、毎日出版文化賞）『不可能性の時代』（岩波新書、2008年）『〈自由〉の条件』（講談社、2008年）『社会は絶えず夢を見ている』（朝日出版社、2011年）『〈世界史〉の哲学』（古代篇、中世篇、東洋篇、講談社、2011–14年）『夢よりも深い覚醒へ ── 3・11後の哲学』（岩波新書、2012年）などがある。「〈世界史〉の哲学」（近世篇）、「社会性の起原」を各々『群像』『本』に連載中。

現代社会の存立構造／『現代社会の存立構造』を読む

2014年9月30日　初版第1刷発行

著者　真木悠介　大澤真幸

ブックデザイン　有山達也
本文組版　中村大吾（éditions azert）
編集　赤井茂樹（朝日出版社第二編集部）
発行者　原雅久
発行所　株式会社 朝日出版社
〒101-0065　東京都千代田区西神田3-3-5
電話03-3263-3321／ファックス03-5226-9599
http://www.asahipress.com/

印刷・製本　図書印刷株式会社
カバー活版印刷　日光堂

ISBN978-4-255-00789-2　C0095

社会は絶えず夢を見ている

大澤真幸

いつも「リスク社会」は可能性として語られてきた。
ついに到来した「震災・津波・原発」の惨状を見据え、
ありうべき克服を提起する強靱な思考。連続講義第一弾。

四六判並製・324頁
定価：本体1800円＋税